GIV MIN SØN HANS FRIHED TILBAGE.

"Giv min søn hans frihed tilbage", er en bog baseret på virkelige begivenheder.

Den handler om hvordan jeg som mor kæmper for at hjælpe min søn tilbage til et godt liv.
Det liv han havde de første 5 år af hans liv, da han boede hos mig var et godt liv. Da han blev
frihedsberøvet af hans far og faderens kæreste ,skulle det vise sig at vare i flere år før han fik sin
frihed tilbage.

Det er barskt for et barn på 5 år på den måde at blive revet væk fra den mor som elsker ham til en
far, hvor han slet ikke har lyst til at være.
Det bunder i at min søn er et ønsket barn for mig moderen og da jeg var gravid ønskede faderen
ikke at få et barn. Derfor blev jeg fra min søns fødsel i 2002 enlig mor til min søn og vi levede
lykkeligt sammen i 5 år, indtil den dag faderen bortførte min søn fra mig.
Bogen handler om hvorledes jeg som mor gør alt for at hjælpe min søn bare til at se mig igen og
hvordan det lykkes i perioder og hvordan faderen i perioder holder min søn helt væk fra mig.

Den handler om hvor grueligt galt det kan gå når en myndighedsperson tror på en fader som taler
usandt, hvilke konsekvenser det kan have for et barns liv. Den handler om en fader der ikke elsker
sin søn og hvad han er i stand til at udsætte sin søn for. Den eneste måde han kan ramme moderen
på er det ømme punkt, netop det punkt hvor moderen er sårbar, nemlig at barnet hun elsker bliver
holdt væk fra hende, hvilket gør hun bliver ramt af en sorg der sidder lige i hjertet.

Livet går videre og jeg som er moderen i denne bog har heldigvis også tre større børn fra et tidligere
ægteskab , som gør jeg holder modet oppe, som gør livet værd at leve. Smerten må jeg dog leve
med i årevis i det skjulte , at jeg savner min yngste søn. Til sidst vælger jeg at dele det med mine
venner og nu også med læseren af denne bog.

Mit håb er bogen bliver til glæde for dem der måtte gennemleve noget tilsvarende. Det nytter noget
at holde ud. *Det at jeg tror på gud har også hjulpet mig igennem disse svære år og har gjort jeg var
i stand til at holde modet oppe. De mange bønner der er blevet bedt om jeg ville have min søn
tilbage har hjulpet, de er blevet hørt.* Det nytter noget at holde ud, være tålmodig og vente for der
kommer et svar på bønnen og alt vil blive godt igen. Det tror jeg på.
Vær et lys for andre på din vej, vær ved godt mod.

*Der kommer Bibel henvisninger i denne bog. Min yndlingssalme er salme 23 Herren er min hyrde.
Den vil jeg gerne skrive starten af her ; " Herren er min hyrde, jeg lider ingen nød, han lader mig
ligge i grønne enge, han leder mig til det stille vand. Han giver mig kraft på ny, han leder mig af de
rette stier..."*
Disse få linier betyder for mig at gud lader os ikke udsætte for mere end vi kan klare, uanset hvad vi
må gennemleve af svære ting er gud med os, midt i alt det svære er der små lyspunkter , små glæder
til os, der gør at vi er i stand til at klare det. Han vil vise os vejen til vi kommer til det sted i livet
hvor vi igen glæde os over alt går godt for os igen, den svære tid slutter. Der er håb.

DEL 1

12 juli 2007.

Det var en tidlig sommermorgen i juli 2007. Vi var på ferie min søn Tais på 5 år og jeg. Jeg så på
Tais ansigt som han lå der sødt og sov helt uvidende om hvad hans liv ville bringe ham den dag. Vi
havde været sammen på ferie nu i 2½ uge, vi havde været på Fyn og på Sjælland og havde købet et
telt og var nu på Bornholm. Vi havde 2 dage tilbage af ferien inden vi skulle hjem sammen. Hvor
jeg dog elskede min søn højt, han som havde boet hos mig hver eneste dag siden hans fødsel. Mit
ønskebarn. Faderen havde stort set ingen interesse vist for Tais hans søn og han havde aldrig boet
sammen med os. Det ville faderen ikke for Tais var et uønsket barn for ham, så det gav sig selv at
Tais skulle bo hos mig.
Dog var der sket noget nyt i faderens liv på det seneste, han havde fundet sig en kæreste. Denne
kvinde havde ikke selv noget barn, men hun havde en interesse i min søn Tais. Lige nu var Tais
lykkeligt uvidende om faderens planer – for vi var jo på ferie sammen Tais og jeg. Måske en ikke
helt normal sommerferie, da lige inden ferien startede, var jeg blevet truet på livet af Tais far på min
og Tais bopæl. Det var såmænd i sig selv ikke noget nyt, da det var sket jævnligt, at jeg blev truet på
livet af min ekskæreste, Tais far. Da jeg forlod Tais far var Tais kun 2 år . Truslerne var startet på det
tidspunkt, de betød at vi ofte måtte finde en ny bopæl, det hjalp så i et stykke tid, hvor vi følte os
trygge indtil der kom en ny trussel.

Tais min søn havde godt nok sagt dagen inden, at faderen ville hente ham, men jeg havde ikke tænkt
videre over Tais ord. Hver dag i vores sommerferie sammen stod Tais op og sagde "mor, i dag skal
vi ud og finde en ny far til mig ". Jeg havde forklaret Tais at det ikke var så let bare lige at finde en
ny far. Egentlig var jeg slet ikke på det tidspunkt parat til at indgå i et nyt forhold med en mand.
Men Tais var fast besluttet på han ville have en ny far, der var intet at gøre. "Min far er dum", sagde
min søn Tais til mig. "Mor, far har slået mig". Det vidste jeg godt, heller ikke det var noget nyt, Tais
var blevet slået af sin far siden han var 2 år gammel og nu var han 5 år. Faderen havde da også 2
gange haft et overvåget samvær i løbet af årene 2005 og 2006. Det var godt samværet havde været
overvåget for så kunne faderen ikke slå Tais min søn når de havde samvær.
Men i 2007 havde faderen desværre fået et almindeligt samvær med Tais. Hver gang faderen havde
slået Tais i samværet havde vi været til lægen, jeg havde anmeldt det til kommune og politi.
Men myndighederne ville ikke blive ved at hjælpe Tais , så han også i 2007 kunne have fået et
overvåget samvær med sin far, det var et spørgsmål om penge. Det havde jeg som mor svært ved at
forstå, at man ville sende et barn på 5 år til samvær med en far der havde slået sin søn et utal af
gange. Jeg ville jo gerne beskytte min søn, så det eneste jeg kunne gøre hver gang Tais var blevet
slået var at meddele faderen at Tais ikke kom til næste samvær, fordi Tais var blevet slået af faderen
i det samvær der lige havde været.

Men denne morgen ville jeg bare nyde at vi stadig havde ferie sammen Tais og jeg , derfor prøvede
jeg at tænke på noget andet. Om 2 dage skulle Tais på weekend samvær hos sin far. Jeg kiggede på
min 5 årige søn som lå og sov så sødt i vores telt denne morgen. Jeg vendte mig om på den anden
side og prøvede at sove lidt længere, alt på campingen var helt stille, alle sov endnu.
Pludselig blev jeg vækket af en højlydt råben : "Mona...Mona...Mona" blev der råbt udenfor vores
telt. Jeg så på uret, det var tidligt om morgenen kl.7.15. Det kunne ikke passe, jo men råbene kom
hele tiden nærmere. Lynlåsen i teltet blev flået op. Tais sov stadig, men jeg var lysvågen. Udenfor

2

teltet stod en mand og en kvinde, de råbte til mig "Hedder du Mona ?". "Nej, svarede jeg, jeg hedder Maria". Jeg havde taget navneforandring for 2 år siden, den eneste som kaldte mig Mona, mit tidligere navn , det var min ekskæreste, Tais far. Men kendte disse to personer , som var fremmede for mig, Tais far ? Jo, det var ham der havde sendt dem her ud på campingen denne morgen. De to personer begyndte nu at fortælle mig, at Tais far havde bedt dem hente Tais hos mig denne morgen. Jeg sagde til dem , der må være sket en fejl. Tais og jeg er her på ferie og der var 2 dage til faderen skulle have Tais på weekendsamvær. De to personer var ligeglade, de sagde FØLG MED. De lyttede slet ikke til hvad jeg som mor sagde.
Det føltes som om Tais og jeg var 2 jøder under krigen, der lå og sov og nu blev hentet af tyskerne, de to højtråbende og kommanderende mennesker. Jeg sagde til dem om de ville bringe Tais og mig til et krisecenter, da vi var blevet truet på livet af Tais far. Men manden og kvinden , som viste sig at være fra politiet, sagde de havde fået ordre på af Tais far, at hente Tais hos mig og bringe min søn over til ham. Da faderen havde fortalt dem , at jeg skulle på et hospital, for jeg var syg, mente faderen, det var det han havde sagt til disse to personer. Jeg sagde til dem , at jeg var rask og der måtte være tale om en misforståelse.

Nu var Tais lysvågen, han havde hørt de to personer råbe foran vores telt. Tais råbte derfor til de to personer : " JEG VIL IKKE HJEM TIL MIN DUMME GAMLE FAR; HAN SLÅR MIG" Det var de ord der kom ud af min søns mund, som jeg husker den dag i dag. De ord som fik lukket munden på de to betjente for en stund. De to stod helt paf og tænkte, hvad laver vi så her. Moderen er rask og barnet vil ikke til sin far. Jeg var i chok og tænkte på om jeg kunne tale disse to mennesker til fornuft. Men betjentene begyndte nu igen på, at vi bare skulle følge med, de sagde "væk nu ikke hele campingen" "Vær stille", sagde de. Det var som om ingen måtte vide noget om hvad de foretog sig, som om de ikke havde rent mel i posen.

"Jamen vi må vel få lov at vaske os først", sagde jeg. " Vi må tale om det her, min søn og jeg vil blive sammen, lover I os det ?", sagde jeg. De bad os igen om at følge med, vi fik ikke engang morgenmad. De kørte os til Rønne politi, da det var den by Tais og jeg var på ferie i. Alle på campingen sov stadig og ingen havde set det min søn Tais og jeg blev udsat for af politiet. Ingen kunne hjælpe os nu.
Nu oplyste den ene af betjentene os om at Åbenrå kommune , var blevet kontaktet af faderen på telefon. Faderen havde overfor den dame han talte med i Åbenrå kommune påstået at jeg skulle være syg, at jeg Tais mor skulle på et hospital i min ferie med Tais. Dette var en lodret løgn. Dog havde faderen nu bragt det så vidt han var rejst til Bornholm sammen med sin kæreste for at hente Tais. Faderen havde på telefon fået overbevist kommunedamen om at jeg skulle på det hospital, selv om det var usandt. For hvordan kunne faderen vide noget om at jeg var rask eller syg i min ferie med Tais. Faderen var jo ikke med os på denne ferie. Kunne han virkelig bare opdigte en løgnehistorie og så hente min søn Tais på den her brutale måde ? Spørgsmålene meldte sig hele tiden i mine tanker. Hvorfor var Tais og jeg havnet i dette mareridt ? Vi forstod jo intet af hvad der foregik. Alt dette faderen havde sat i værk.

Pludselig gik det op for mig, der måtte være sket en fejl. "Vi bor IKKE i Åbenrå kommune," sagde jeg. Det er d.12 juli 2007 i dag, Tais og jeg har faktisk boet i Sønderborg kommune siden 1 juli 2007. Politimanden så efter på sin PC, "Du har ret , Maria", sagde han. " her står i registreret som Sønderborg borgere". "Hvorfor ringer hende damen fra Åbenrå kommune så til os ?", selv politi manden undrede sig lidt over dette.

Jeg tænkte inde i mit hoved, hvor er gud henne lige nu ? Hvorfor sker det her med os.. og så helt uventet....Vi befandt os i et mareridt Tais min søn og jeg.

Tais sad nu på mit skød inde i dette rum, hvor vi var frataget vores frihed. Tais klamrede sig fast til mig, han var kun 5 år og havde levet hele sit liv hver dag hos mig, jeg var hans trygheds person. Det var nu som om vi befandt os i helvede blandt en masse onde mennesker, som var ligeglade med sandheden og ligeglade med hvad Tais og jeg sagde. Vi kunne ikke komme tilbage i friheden sammen, vi var fastlåst her. Faktisk var vi lige nu begge to frihedsberøvede helt uden grund. Vi blev ikke stillet foran en dommer, som loven siger man skal. Tais far havde løjet overfor myndighederne. Vores liv var det ene sekund en ferie vi havde været sammen på , noget rart... det var blevet forvandlet i et hug til en traumatisk oplevelse for både Tais og mig, at vi sad i dette rum og vi var helt uden skyld i det. Det var bare en løgnehistorie , som Tais far havde fortalt dem, som de havde troet på ,det var årsagen til vi befandt os her nu i et lukket rum .

Denne bibel henvisning handler om Tais far, som talte usandt ; *Salme 31 vers 19 ; "Lad de falske læber blive stumme..."*

Min elskede søn Tais var i chok. Jeg sagde gentagne gange til min søn : " Tais jeg skal nok hjælpe dig, bare rolig". Jeg spurgte politimanden i rummet om jeg kunne tale med min advokat eller med min socialrådgiver i Sønderborg kommune. Det jeg ikke vidste var Tais far s plan var at bortføre Tais fra mig. Alt dette vi kom igennem nu var en del af Tais fars plan om hvordan han ville hente Tais hos mig. Tais far stod et sted i Rønne og ventede på de ville bringe Tais hen til ham.

På dette sted har jeg brug for at indsætte en bibelhenvisning ; *Salme 146 vers 7 "Herren sætter de fange i frihed"*
Da Tais og jeg på dette tidspunkt er frihedsberøvet, har jeg brug for at give både mig selv og læseren et håb om at vi kan få vores frihed tilbage.

Det var en børnekidnapning, men det forstod jeg først senere , da jeg var i chok. Det var som om det var en ond drøm, jeg håbede vi vågnede om lidt og så var alt som det plejer. Tais havde boet hos mig de første 5 år af hans liv, det var sådan det plejede at være og derfor hørte Tais til hos mig, her var han tryg og havde det godt. Han var en glad dreng altid smilende... alt dette blev på et sekund slået itu.
Jeg havde jo forældremyndigheden alene over Tais fra fødslen og nu blev jeg bare bedt om at aflevere min søn på denne måde. Ingen viste mig noget papir fra en dommer eller en foged. Jeg var umyndiggjort. Dette var en helt almindelig torsdag i Tais og min ferie på Bornholm havde jeg troet, hvorfor skulle Tais så til sin far nu ?

Pludselig stod en smilende dame i døren foran Tais og mig på kontoret, hun var fra Rønne kommune , sagde hun. Hun havde mødt faderen, det sted han stod og ventede. Hun mente at faderen var rigtig flink, men hun kendte ham jo ikke. Hun vidste jo ikke faderen slog min søn Tais. Jeg så på Tais, på hans øjne kunne jeg se at han var i chok, at han var bange. Tais klamrede sig fast til mig og ville ikke slippe mig. Det forstod jeg godt. Jeg havde jo været hans faste klippe i de 5 år han havde levet hidtil, den eneste voksne omsorgsperson han havde. Nu stod en helt fremmed dame og sagde, at han skulle til sin far. Tais kunne måske huske sidste samvær han havde været hos sin far, hvor faderen havde slået ham i ryggen og i maven og på ørerne. Lige nu sad vi i dette lokale sammen Tais og jeg i vores livs mareridt, jeg var magtesløs og ingen troede på det jeg sagde var sandt, ingen andre end Tais vidste jeg talte sandt.

Jeg fejlede intet, Tais og jeg var her på sommerferie, jeg havde rejst på denne ferie 21 juni 2007 som forældremyndighedsindehaver og nu skulle jeg bare aflevere min søn, fordi faderen havde fortalt en løgn. Det hele var så uretfærdigt. Inden vi var taget på ferie havde Tais far truet os på livet.
Vi blev nu vist udenfor på en gang – nu skulle vi mor og søn – som altid havde været sammen brutalt skilles ad. Der var ingen barmhjertighed at spore i alle de mennesker Tais far havde involveret i det her. Det fik mig til at tænke på jøderne under krigen, hvordan de var blevet stillet op i en række , mødre og børn sammen. De blev så brutalt skilt ad for at gå de hver for sig skulle ind i et gaskammer. De kom dog op til gud med det samme, de kom sammen i himlen, det tror jeg på. Men hvad der ville ske med Tais og mig , det vidste jeg intet om . Selvfølgelig havde jøderne det værre en os. Men når Tais og jeg blev adskilt skulle vi leve videre i uvished, vi havde dog håbet om alt kunne blive godt igen og vi levede jo, heldigvis. Det ved jeg godt er en kæmpe forskel, men sammenligningen med selve adskillelsen , den brutale måde de foregår på , at skille et barn fra sin mor, at skille de to personer der elsker hinanden højest... det er umenneskeligt.

Jeg kom i tanke om at gud måtte kunne hjælpe os, der måtte være et lille lys i mørket...

Jeg så på Tais igen, han kiggede tomt og bange ud i luften, jeg måtte berolige ham og hjælpe min søn så godt jeg kunne, jeg måtte give ham håb.
Jeg sagde : ” Tais , jeg hjælper dig hjem til mor igen.” Gud sørger for du kommer hjem Tais Thomas”. Dette gentog jeg flere gange for at være sikker på, at Tais havde hørt det. ” Jeg elsker dig, Tais min søn ”,sagde jeg medens damen gik ud af gangen med Tais, som hun nu holdt med et fast greb i sin hånd. Tais vendte hovedet mod mig. ” Du kommer hjem til mor igen skat”,sagde jeg endnu engang. På dette tidspunkt troede jeg faktisk på at om nogle dage ville jeg have min søn tilbage hjemme hos mig igen, fordi de havde fundet ud af der var sket en fejl.

Da damen var helt væk med Tais, tog de to betjente mig under armen til en læge i Rønne. De havde fået den besked fra Tais far, at jeg skulle være meget syg og at jeg skulle på et hospital, det var derfor faderen hentede Tais på denne måde. Da lægen havde tilset mig medens de to betjente holdt vagt bagved min ryg, da sagde lægen : ” JAMEN , DU FEJLER JO INGENTING MARIA.” Du kan roligt tage hjem fra din ferie. Betjentene forstod nu faderen havde løjet, men de gjorde som om ingenting var hændt. Lægen vidste jo ikke, at faderen lige havde bortført min søn. Lægens opgave var bare at undersøge mig og det havde han nu gjort.

Betjentene undrede sig over de ikke skulle bringe mig på et hospital, som Tais far jo havde bedt dem om. De måtte i stedet rette sig efter lægens ord. I stedet bragte de to betjente mig nu til Rønne krisecenter, der hvor jeg om morgenen havde bedt dem bringe Tais og mig sammen hen, fordi Tais far havde truet os på livet inden vores ferie startede.
Betjentene troede at det ville være et plaster på såret , hvis de bragte mig dertil nu alene, men de anede slet ikke noget om hvor meget jeg var i chok over at have mistet min søn på så en brutal måde den dag.

5

Her er endnu et passende bibelsted : *Salme 140 ,vers 2"Herre , red mig fra onde mennesker, bevar mig for voldsmænd, de har ondt i sinde" ... og vers 13"Jeg ved , at Herren vil føre de hjælpeløses sag..."*

Jeg lånte en telefon på krisecenteret og ringede straks til Sønderborg kommune. Sønderborg kommune hørte nu hvad der var sket med min søn Tais, de sagde så, at Åbenrå kommune havde lavet en fejl, da Tais og jeg jo boede i Sønderborg kommune denne dag d.12 juli 2007. Damen fra Sønderborg kommune sagde, at de var vores handle kommune, at Åbenrå kommune slet ingen ret havde til at handle på den måde. Det var nu helt tydeligt for mig , at det Tais var blevet udsat for var en STOR FEJL. Tais skulle slet ikke have været med faderen den dag, det var ulovligt det der var sket.

Jeg gik tilbage til det sted Tais var blevet bortført fra, det var jo kontoret ved Rønne politi, hvor jeg sidst havde set min søn denne torsdag morgen. " Hvor er Tais henne ?", sagde jeg til politi mændene bag skranken. Det ved vi ikke sagde de og slog en latter op, som om det var sjovt. " Ha .. Ha " grinede de ondskabsfuldt af mig. " Vi ved ikke hvor din søn er henne... ha ...ha"

Bibelhenvisning ; *Salme 40 ,vers 15-16"Alle som stræber mig efter livet, skal blive til spot og spe, de som vil min ulykke, skal vige tilbage med skam, De som siger ;Ha .. Ha..til mig , skal gyse over deres skændsel."*

Jeg var i chok da jeg tog færgen hjem alene uden min søn Tais, det var en rystende oplevelse efter i 5 år hver eneste dag at have haft Tais hos mig og nu pludselig var han helt væk. Nu ville jeg hjem til Sønderborg og se om de kunne hjælpe mig. Om natten på færgen lukkede jeg ikke et øje, jeg spiste ingenting, men tænkte hele tiden på min elskede søn Tais, hvis liv nu var forvandlet til et mareridt. Det første jeg gjorde i Sønderborg by, var at melde bortførelsen af min søn Tais ud af Sønderborg kommune d.12 juli 2007 til Sønderborg politi. Jeg meldte det skriftligt allerede dagen efter.

Jeg var som forældremyndighedsindehaver rejst på ferie med min søn og han var nu blevet hentet uden jeg havde fået forevist papirer , Tais var blevet hentet på den løgn, som faderen havde sagt til alle. Desværre troede de på faderen, så det lykkedes for ham at bortføre Tais fra mig ved at involvere en kommunedame. Selv om der er en kommunedame involveret er det stadig ulovligt at hente Tais på den løgn, at jeg skulle være syg i min ferie med Tais, når jeg var rask og det oven i købet kunne bevises jeg var rask samme dag 12 juli 2007, da det skete.

Politiet havde set den gældende samværsresolution, at faderen havde ret til weekendsamvær, men at Tais boede hos mig. Men alligevel skrev politiet bare , at de mente det var en strid om samvær. Jeg fik besked på at vente til om søndagen for at se om Tais blev afleveret kl.16 til mig igen. Jeg ventede på Tais den søndag , men faderen kom ikke og afleverede ham efter weekendsamværet.

Nu var det helt sikkert, at der var tale om en bortførelse. Jeg gik til Sønderborg kommune, hvor jeg talte med en socialrådgiver i vagten, hun skrev alle detaljer op om Tais liv. Alt lige fra han var et ønske barn for mig og et uønsket barn for faderen. Socialrådgiveren skrev begivenhederne op i Tais liv i en kronologisk rækkefølge, bl.a. fremgik det faderen havde slået Tais i samværet siden Tais var 2 år og faderen havde af den grund haft et overvåget samvær med Tais da han var 2 år, 3år og 4 år.

Hun noterede hvorledes det var i strid med min forældremyndighed over Tais, at faderen og hans kæreste bare havde hentet Tais på den måde, hun var ligeledes bekymret for Tais trivsel hos faderen.

Socialrådgiveren fra Sønderborg kommune, den kommune hvor Tais og jeg boede skrev også hvorledes Åbenrå kommune havde lavet en fejl, idet de blindt havde troet på faderens forklaring, som jo var usand. Faderen og hans kærestes påstand havde jo været, at de mente jeg skulle på et hospital den dag torsdag d.12 juli 2007, den dag de hentede Tais . Det skulle jeg så rent faktisk ikke for den læge der tilså mig samme dag, sagde jeg intet fejlede og jeg var fri til at gå. Hvorledes kunne Åbenrå kommune så lade faderen og hans kæreste hente Tais på Bornholm i Tais og min sommerferie uden at tale med mig først. Hvorledes kunne de bare hente Tais inden jeg blev set af en læge ? Ingen havde på forhånd checket om bortførernes påstand var sand eller falsk.
Socialrådgiveren her fra Sønderborg kommune skrev også i sit notat fra vagten d.24 juli 2007, at Tais havde i et weekend samvær hos faderen i januar 2007 været forsøgt druknet i faderens badekar af faderen selv. Tais havde kæmpet for at komme op og havde stødt ryggen imod vandhanen i bade karret. Denne episode havde jeg fortalt Statsforvaltningen om, men de havde ikke reageret på det. Faderen fik i 2007 lov til at fortsætte med at have et almindeligt weekendsamvær med Tais. Dog når jeg tænker tilbage er det i hvert fald gogt for Tais han fik hjælp i 2005 og 2006 til at samværet dengang var overvåget med faderen, så der ikke kunne ske ham noget.

I perioden der kom nu på 2 måneder efter bortførelsen af min søn Tais, gjorde jeg alt der stod i min magt for at hjælpe Tais. Jeg arbejdede fra kl.8 om morgenen til kl.22 om aftenen på at gå rundt til myndighederne, på at skrive til myndigheder, så meget gjorde jeg for at hjælpe Tais, at jeg glemte at få noget at spise, jeg drak kun vand. Om natten når jeg skulle sove , drømte jeg om Tais og det handlede ofte om de sidste dage vi havde sammen i ferien, når jeg vågnede troede jeg Tais var hos mig, men han var totalt væk. Det vil sige jeg var stadig rystet over begivenhederne på Bornholm, jeg tabte mig 10 kg på bare 14 dage, jeg var hele tiden bekymret for Tais.

Jeg gik til Sønderborg kommune, Sønderborg politi, Fogedretten, Statsforvaltningen, Retten, Mødrehjælpen, Børns Vilkår, Red Barnet, fik kontakt til en ny advokat, gik til alle tænkelige myndigheder. Alle steder jeg kom havde de fuld forståelse for hvor forfærdeligt det var mit barn var blevet bortført fra mig, men samtidigt viste de mig alle videre til en ny myndighed og fralagde dermed sig selv ansvaret. De svigtede Tais min søn på bare 5 år noget så grusomt, de burde skamme sig i dag. Jeg havde brug for hjælp til Tais.

Bibelhenvisning , *Salme 121 vers 1-2 ; Jeg løfter mine øjne mod bjergene, hvorfra kommer min hjælp ? Min hjælp kommer fra Herren, himlens og jordens skaber."*

En af de gange jeg gik til Sønderborg kommune, var ganske få dage efter Tais var blevet hentet på Bornholm af faderen og faderens kæreste. Den dag talte jeg med en socialrådgiver, som gav mig et råd. Hun sagde da jeg havde forældremyndigheden over min søn, kunne jeg bare tage hen til faderen og hente Tais der.
Derfor skrev jeg til faderen hvilken dag jeg ville hente min søn Tais hos ham. Jeg rejste fra Sønderborg til København Nordvest kvarter, der hvor faderen boede. Der var ingen hjemme på hans bopæl. Der boede på dette tidspunkt en ældre dame i hans opgang, jeg kendte hende godt. Jeg ringede på hendes dør og hun invterede mig indenfor til the. Hun fortalte mig, at hun mente faderen

var flink, det var i hvert fald det indtryk hun havde fået af ham , når hun tilfældigt havde mødt ham i opgangen. Derfor mente hun at "den flinke far" ville udlevere Tais til mig, da der måtte være sket en misforståelse på Bornholm, hvor faderens kæreste og faderen havde hentet Tais hos mig. Da jeg så 2 timer senere gik op for at ringe på døren, hvor faderen boede, havde jeg taget et kamera med i nødstilfælde. Det skulle jeg bruge i selv forsvar hvis faderen gik til angreb på mig.

Faderen åbnede nu døren, hans øjne var allerede vrede , bare ved synet af mig, det var de stirrende øjne han plejede at få lige inden han slog løs på mig, han knyttede også sine næver. Han gik frem imod mig og bad mig skride, jeg nåede knapt nok at sige jeg var kommet for at hente Tais. Faderen gik imod mig og jeg undveg ved at gå ned af trappen. Faderen er den voldelige type der reagerer udadvendt og aggressivt, hvorledes kunne en socialrådgiver fra Sønderborg kommune tro at jeg bare selv kunne hente min søn, for her var jo ikke tale om en fredelig og flink far, men min ekskæreste, som flere gange tidligere havde slået både mig og min søn.
Jeg nåede at tage et par foto s , så der ikke skete mig noget.

Jeg gik over til Bellahøj politi, de ringede til faderen, men han påstod han ikke var voldelig, at der ikke var sket noget.
Derfor var der ingen hjælp at hente der.
Det føltes som om alle bare var så ligeglade med hvad der var sket med Tais. Det hele var overladt til mig alene og myndighederne svigtede os. Det de bød mig var at sige jeg kunne klare mig selv eller gå videre til en ny myndighed. Det jeg lærte af denne lektie er at systemet retter sig efter voldelige fædre. Flinke mødre bliver bare sendt videre rundt og rundt uden nogen hjælper dem og deres børn. Eller var jeg den eneste der havde oplevet at politiet ikke hjalp når ens ekskæreste var voldelig og truende i sin adfærd, jeg tror det næppe. Mange andre kvinder må have oplevet det samme.

Tais var på dette tidspunkt kun 5 år gammel, det var ham det var gået ud over her. Han havde kun mig til at hjælpe ham, så jeg måtte videre og være ved godt mod og tro på det ville lykkes at få hjælp til at få min søn hjem igen. Det positive gå på mod jeg havde, samt at jeg havde mine tre større børn hos mig, det gjorde lige nu at jeg holdt ud. Det nyttede jo ikke jeg bukkede under, når Tais kun havde mig til at hjælpe sig. Derfor så jeg optimistisk på det endnu en gang, der måtte åbne sig en ny dør, en ny måde at få hjælp på.

Jeg skulle finde en god advokat, som ville hjælpe mig med at få min søn Tais hjem igen, det var i hvert fald en af de ting jeg kunne gøre og så igen gå til alle tænkelige myndigheder. Tais var jo bag en lukket dør, den dør jeg skulle gøre alt for at få åbnet op. Tais var på dette tidspunkt frihedsberøvet af faderens kæreste og også af faderen. Hvad skulle en dreng på 5 år kunne stille op imod to voksne der hele tiden sagde til min søn, du må ikke se din mor. Det må have været forfærdeligt for Tais at skulle gennemleve det. De to personer, de to voksne var begge to fast besluttet på jeg ikke måtte se Tais igen, om de så skulle lyve i deres forklaringer til min søn, ville de det. De tænkte på en hævnaktion imod mig, fordi de hadede mig, eller var det mon hende faderens kæreste , som ikke selv kunne få et barn, der havde fundet på det hele. På dette tidspunkt vidste jeg endnu ikke hvad deres motiv var for at frihedsberøve Tais fra at se mig moderen.

Jeg havde jo forladt Tais far, da Tais var 2 år og Tais og jeg var rejst sammen til Sønderjylland for at bo der. Vi havde forladt faderen efter han havde slået min søn Tais på en Restaurant, vi havde fået et godt nyt liv efter vi forlod faderen, som vi jo slet ikke havde boet sammen med. Min ekskæreste havde dengang tigget og bedt om jeg ville komme tilbage til ham, men jeg ville jo ikke tilbage til en voldelig mand.

Nu var det så op til mig at få Tais befriet, på dette tidspunkt troede jeg det var noget jeg helt selv skulle klare. Tais havde jo boet hos mig i de første 5 år af hans liv, hvor han har haft det så godt. Han var dengang en meget glad dreng og har altid været glad for sine søskende også. Minderne om den gode start på livet Tais havde haft hos mig, hjalp at tænke på. Den gode tid kunne ingen nu tage fra os og Tais havde fået al den kærlighed og omsorg et lille barn skal have. Det vil betyde så meget for hele hans liv, for de første år i et barns liv er bare så vigtige.

Bibelhenvisning *Filiperbrevet kap.2 vers 3 ; " Gør intet af selviskhed og heller ikke af indbildskhed, men sæt i ydmyghed de andre højere end jer selv. "*

Hvordan skulle jeg nu gribe det hele an ? Hvad kunne jeg gøre for at hjælpe Tais ? Helst noget jeg ikke allerede havde prøvet før. Jeg prøvede flere nye myndigheder, flere hjælpe organisationer og tænkte på om jeg mon havde fået nok hjælp i Sønderborg eller om der var andre muligheder.
Da hverken Sønderborg kommune eller Sønderborg politi havde hentet Tais besluttede jeg mig for at flytte til Farum, tættere på mine tre store børn. Tais og jeg havde jo i de første to år af Tais liv boet tæt på mine store børn, som jeg er fælles med deres far om.
Mine fire børn er derfor tæt knyttet til hinanden allerede fra Tais fødsel. Vi har været vant til at være sammen i dagligdagen faktisk altid. Vi har været sammen fra Tais fødsel da vi boede i huset i Måløv, det har været godt for os alle . Det var i perioden fra Tais var 0 år til 2 år vi boede i huset i Måløv. Jeg var dagplejer for Tais og to andre børn og var på den måde hjemme i længere tid med Tais efter barselsorloven var slut. Jeg var alene mor og mine tre store børn har været så glade for deres lille bror , at de ville gerne skiftes til at holde Tais og være sammen med ham og lege med ham. Vi gik ture i det grønne område og vi havde en dejlig have til huset, hvor vi kunne være udenfor og der var mange andre børn i området.

Da Tais var 2 år måtte vi jo pludselig flytte til Sønderjylland, da Tais far havde slået Tais på en Restaurant. Vi var ikke længere trygge Tais og jeg ved at være så tæt på faderen, dette også selv om vi ikke boede samme sted som faderen. Min far og min lillebror bor i Åbenrå i Sønderjylland , så vi kendte jo nogen i forvejen Tais og jeg , når vi nu rejste i sikkerhed der. En ting var at jeg selv havde fundet mig i at blive slået af min ekskæreste, men jeg kunne ikke stå og se på han nu også havde slået Tais. Derfor måtte jeg redde Tais liv. Det var min pligt som mor følte jeg.

Det jeg havde set på den Restaurant Færgemandens hus på Møn, hvor vi var blevet inviteret af en af faderens venner til at spise var, at faderen var gået amok på Tais. Tais ville nemlig ikke sidde i den høje stol på Restauranten. Pludselig griber faderen fat i Tais små arme, Tais er kun 2 år som sagt, faderen kaster Tais op i en almindelig stol. Der sidder ca 40 gæster i Restauranten, Tais far slår Tais hårdt i maven med hans store hånd. Tais græder og løber hen til mig. Jeg husker damen ved bordet ved siden af siger ; " Den dreng løber hjemmefra inden han fylder 15 år", dette siger hun til sin mand. Servitricen har travlt med at få Tais til at holde op med at græde og tilbyder ham is. Jeg sidder nærmest rystet og målløs og tænker bare hvordan får jeg reddet min søn væk fra denne

9

forfærdelige far. Næste dag var det klart at jeg måtte gøre noget så jeg tog Tais med ud at gå en tur i klapvognen. Det var bare en tur , hvor jeg ikke kom tilbage til min ekskæreste. Vi rejste direkte til Sønderjylland Tais og jeg den dag. Det var godt vi kom væk fra den voldelige far.

Vi kom til krisecenteret i Åbenrå, som dengang havde en god leder i 2004, hun hjalp os meget hurtigt med at vi kunne bo der til vi fandt en lejlighed. Den samme leder hjalp også med at få episoden med Tais politi anmeldt, politiet tog det da også alvorligt. De forsøgte at finde vidner fra Restauranten, men ingen ville vidne. Selv talte jeg med krodamen på telefon om servitricen ville vidne, nej det ville hun ikke, for tænk hvad der kunne ske med hendes familie hvis hun hjalp Tais.

Politiet roste mig dog for min indsats at jeg så hurtigt havde hjulpet Tais væk fra faderen, efter faderen havde slået Tais. De mente så jeg var en god mor der tænkte på mit barn.
Det der dog var mindre sjovt var at vi ikke havde nået at fortælle mine store børn at vi så pludseligt måtte flytte til Sønderjylland, hvilket betød jo vi måtte undvære dem noget mere i dagligdagen. Vi kunne nu pludselig kun se dem i weekender og ferier, vi havde været vant til vi så dem i dagligdagen. De havde jo ikke samme far som Tais, de tre store børn, heldigvis for det. På dette tidspunkt havde jeg et godt samarbejde med de store børns far. For Tais liv var det godt vi kom væk fra Sjælland i hvert fald lige på dette tidspunkt. Der var en akut situation, hvor der egentlig ikke er noget valg, valget stod mellem at vi kunne blive slået begge to eller blive fri for at blive slået. Det er klart vi valgte det bedste, nemlig et liv et sted hvor vi kunne være trygge i dagligdagen.

På krisecenteret havde vi det godt og vi havde det også godt Tais og jeg da vi kom ud at bo i vores egen lejlighed. Vi mødte en af mine bedste veninder der i den tid vi boede på krisecenteret, som vi holdt kontakten med bagefter . Vi kom i en legestue, hvor Tais mødte andre børn. Vi kom i svømmehallen og på biblioteket og vi gik ture og tog på legepladser. Vi gik ture med klapvognen og Tais kom i en god dagpleje. Vi holdt børnefødselsdage, vi så på traktorer og når der var dyrskue, så vi på dyr, specielt på heste, vi så også når der var ringridning. Vi nød de weekender mine store børn var hos os, vi kom på ferie sammen flere steder i Danmark.

Efter vi fik lejligheden i Åbenrå i juni 2004, fik jeg også eneforældremyndigheden over Tais i byretten , fordi Tais altid havde boet hos mig fra fødslen. Faderen ville jo ikke bo sammen med os. Dommeren sagde jeg fik eneforældremyndigheden fordi jeg altid havde været enlig mor til Tais fra fødslen, men dommeren vidste også godt at faderen havde nægtet sig fader til Tais ,da der havde været en faderskabssag. Dommeren kendte også til den for nyligt opståede situation hvor faderen havde slået Tais på Restauranten.

Efter retsmødet spurgte min ekskæreste mig om jeg ville komme tilbage til ham, men det ville jeg ikke. Han havde lige siddet tre timer i retten, jeg tænkte om han overhovedet var interesseret i Tais, for han havde slet ikke søgt noget samvær med Tais.

Den sommer tilbød jeg Tais far at se Tais i 3 timer hver 14 dag, men han kom ikke. Faderen skrev breve og forklarede hvorfor han ikke ville komme og se sin egen søn. Det gik mere og mere op for mig at den eneste grund til faderen havde startet denne retssag , var blot for at spørge om jeg ville komme tilbage. Nu stod der ikke idiot på ryggen af mig, da jeg vidste jeg ikke ville tilbage til en mand der havde slået mig, en mand der slet ikke ville have det her barn med mig. Tais som er et så fantastisk barn, lige som mine store børn er fantastiske og enestående og unikke. Tænk at min

ekskæreste kunne mene det på den måde, at han under graviditeten flere gange havde bedt mig få en abort, men jeg heldigvis havde holdt fast i jeg ville føde Tais. Da Tais for mig er et ønskebarn.
Aftalen var også ved graviditeten at jeg alene skulle tage vare på Tais.
For faderen ville i hvert fald ikke , det var helt sikkert, han ville hellere bo alene i København Nord Vest kvarter.

Tais og jeg havde de bedste år af vores liv sammen her medens Tais var lille . Vi havde det godt i Sønderjylland, Tais var en glad dreng der nu var så stor han kunne cykle rundt. Han havde sin egen lille blå cykel, husker jeg. Vi var på besøg hos venner og Tais havde også sine egne legekammerater. Vi havde ofte mine store børn hos os, det var de bedste weekender og de bedste ferier vi havde sammen. Hele familien sammen. Vi havde ofte min far, Tais morfar til at hjælpe os, vi besøgte også min lillebror. Tais cyklede glad i børnehaven og vi kendte mange mennesker i byen. Folk kom hinanden ved og man var ikke bare ligeglad med sin nabo, det er en af de gode ting ved Sønderjylland. Mennesker har mere tid og kommer hinanden mere ved, synes jeg.
Jeg takker gud for de gode år Tais og jeg havde sammen da han var lille.

Tais far kunne ikke blive ved at sige nej til samværet, for der kom en Børnesagkyndig undersøgelse, hvor han var nødt til at medvirke. Efter det tilbød jeg igen samvær, han sagde ikke bare ja og jubi, nej han sagde han skulle lige spørge sin advokat om han skulle sige ja tak til at se sin søn. Da advokaten så fortalte faderen, det skulle han sige ja til, så bøjede han sig. I en kort periode var samværet så almindeligt. Men da Tais blev slået i et weekendsamvær i januar 2005, lige før han fyldte 3 år, blev samværet stoppet og gjort overvåget. Det var godt, for så kunne der ikke ske Tais noget i det halve år samværet var overvåget.

Der gik noget tid og man forsøgte sig igen med et normalt samvær, men det blev uforandret. Når samværet var normalt blev Tais slået af faderen, denne gang var det så på hovedet han var blevet slået. Derfor måtte de året efter igen lave et overvåget samvær i 2006, lige før Tais blev 4 år, som så igen varede i et halvt år. Når samværet var overvåget kunne Tais føle sig tryg.

Jeg tænker nogle gange på hvis faderen ikke havde mødt hans kæreste om Tais så stadig havde været hos mig i dag, for faderen var jo ikke selv interesseret i Tais.

Hvis nogen havde vidst det dengang hvad der ville ske i Tais liv når han blev 5 år, kunne det så have været forhindret. Kunne det have været forhindret at faderens kæreste havde planer om at hente Tais hos mig... jeg er i hvert fald glad for det ikke lykkedes for hende tidligere, at Tais fik de 5 gode år sammen med mig hans mor, som elsker ham. Faderens nye kæreste havde ikke selv et barn, hun så nemlig Tais første gang i et weekendsamvær , da Tais kun vra 3 år gammel. Gad vide om hun far det øjeblik hun så Tais første gang, som ifølge faderens eget udsagn ikke var et positivt møde, for Tais.. gad vide om hun allerede fra det tidspunkt planlagde hvorledes hun ville bortføre Tais fra mig. Det ved ingen.

Tais vil altid være min søn, for det er mig der har født ham og alene taget vare på ham 24 timer i døgnet i hans første 5 leveår. Tais far ønskede ikke at være en del af vores liv dengang, det var hans eget valg. Min ekskæreste trivedes bedst med at bo alene, jeg husker han sagde inden jeg blev gravid, at han mente han ikke kunne få et barn. Derfor forsikrede jeg ham om, at det kunne jeg godt, så hvis jeg blev gravid ville jeg have barnet. Det var egentligt klart fra starten, Tais far var ligeglad og han mente , hvis jeg blev gravid kunne jeg bare få en abort. Jeg var klar over fra starten at dette barn ønskede jeg virkelig at få, jeg ville under ingen omstændigheder få en abort. Derfor var jeg lykkelig da jeg sad med graviditetstesten i hånden, jeg tænkte bare tak, tak fordi jeg er så heldig at kunne føde dette barn.

Nu var der så gået 5 år og vi var havnet i en situation som ingen kunne have forestillet sig ville ske, da Tais var en lille nyfødt baby og bare havde et godt liv hos mig, moderen og hos hans søskende.

Tais far havde i 2 år haft et overvåget samvær med Tais, fordi han havde slået ham i et almindeligt samvær, men nu var samværet så blevet normalt igen. Faderen havde startet denne nye sag om forældremyndighed over Tais, fordi nogen har overtalt ham til det, det er nærliggende at tro det er faderens kæreste, der ønskede sig at Tais skulle væk fra mig for at være hos hende.
Dog var der det retsmøde i foråret 2007, hvor jeg beholdt forældremyndigheden over Tais, min søn på næsten 5 år , det var jo godt for Tais i hvert fald, at han kunne blive hos mig efter retsmødet havde fundet sted.

Vi var jo lykkeligt uvidende om dengang i det forår, hvad der ville ske om sommeren samme år. Da faderen og hans kæreste ikke kunne få Tais væk fra mig via retsmødet, måtte de tage andre midler i brug. Metoden de brugte til at bortføre Tais fra mig står nu klar for mig den dag i dag. Faderen ringede hver dag til Åbenrå kommune og postod overfor en kvinde i kommunen , at jeg Tais moder skulle være syg. Dette var dog en usand påstand. Da jeg var fuldstændig rask. Dette resulterede i at kommunedamen på telefon kontaktede Tais børnehave. Lederen af børnehaven fortalte hende, at jeg kom hver dag i Børnehaven med min søn Tais og vi havde det godt begge to. Han sagde Tais var en glad dreng og at jeg moderen var helt rask.

Dette kunne dog ikke stoppe faderen og faderens kæreste. De fortsatte med at kontakte den samme kommunedame hver dag på telefon. Min ekskæreste har nemlig i rigtigt mange år været på kontant hjælp, så han har hele dagen til sin rådighed hver dag.

Han kunne ikke arbejde fordi han som ung havde været i antabus, efter i flere år at have drukket ret voldsomt. Derfor var han nu træt i sin krop og kunne ikke magte et job. I øvrigt ville han helst slippe fri for at arbejde. Det var sådan Tais far levede og han havde været hjemme i mange år allerede i 2007. Faktisk siden jeg havde mødt ham i 1998 havde han været derhjemme og været på bistands hjælp. Det var naturligvis synd for ham han havde haft de massive alkoholproblemer som helt ung, men det undskylder alligevel ikke den måde han behandlede Tais og mig på.
Han kunne have bedt om hjælp til at komme ud af sine egne problemer.

På dette tidspunkt i mit liv kendte jeg til gud fordi min farmor havde fortalt mig, at man kunne bede til gud og så næste morgen når man stod op ville alt være godt igen. *Det som hedder guds nåde er ny hver morgen.* Det vil sige jeg havde helt siden jeg selv var barn kendt til gud og til at bede fader vor. Men endnu havde jeg ikke været i kirken i kulturcenteret, som skulle få en afgørende betydning for mig senere hen. Medens jeg fortæller dette om hvorledes Tais far og faderens kæreste planlagde at ville bortføre Tais fra mig, medens det foregår bor Tais endnu hos mig og er kun 5 år gammel. Vi bor på dette tidspunkt i Sønderjylland. Tais har haft et godt liv hos mig i sine første leveår og det kunne meget vel have fortsat med at være et godt liv for Tais, hvis Tais ikke var blevet bortført fra mig. Da havde Tais haft både mig og hans søskende i sit liv til daglig, vi som ønskede han skulle blive født, vi som elskede Tais.

Bibelhenvisning ; *Filiperbrevet kap.4 vers 6-7 ; " Vær ikke bekymrede for noget, men bring i alle forhold jeres ønsker frem for gud i bøn og påkaldelse med tak."*

Faderen fortsatte på opfordring fra hans kæreste med at kontakte kvinden i Åbenrå kommune på telefon og tale usandt om mig. Faderens påstand lød stadig på at jeg skulle være syg, så kommune damen kontaktede så min egen læge i Åbenrå. Lægen sagde jeg var rask. Lægen fortalte at jeg var kommet nogle gange hos ham med Tais, efter Tais havde haft samvær med faderen, når faderen så havde slået Tais, var Tais kommet hjem med blå mærker. Kommunedamen lod som om hun ikke hørte hvad lægen sagde, idet hun var tilbøjelig til at tro på Tais far, der ringede til hende stort set hver dag. Tais far havde en evne til at charmere sig ind på en kvinde på telefonen, måske var denne kommune dame i Åbenrå kommune så blind, at han troede på de usande påstande faderen kom med, alene på grund af hans evne til at charmere sig ind hos en fremmed kvinde på telefon.

Det der så skete senere hen var at vi fik en trussel fra faderen , som så ofte før havde truet os på livet. Truslerne skete på telefon og havde egentligt stået på siden 2005, nu her i 2007 måtte han faderen så ikke komme på min bopæl, fordi alle truslerne var politi anmeldt. Dette her betød så at Tais og jeg ikke turde være på vores bopæl, vi fik faktisk telefon truslen, da vi var på besøg hos en veninde. Jeg husker at jeg skulle være startet på et job bare to dage senere, men det var så umuligt nu hvor vi igen var truet på livet og ikke kunne bo i vores lejlighed. Vi kontaktede derfor en medarbejder på Krifa i Sønderjylland, han bevilligede os ferie i 3 uger. Det blev så vores redning.

I ferien fik vi en adresse i Sønderborg kommune 1 juli 2007, så vi havde et sted at være efter ferien var ovre. Vi fik fra ferien også kontakt til Sønderborg krisecenter, hvor vi kunne tale med nogen på telefon om hvad der var sket. Men vi valgte at tage af sted på ferien som planlagt og håbede så på at når ferien var slut ville det være muligt for os at bo det nye sted. Vi vidste at manden vi havde talt med i Krifa i Sønderjylland ville melde det til politiet at vi var truet på livet, jeg havde også selv meldt det.
I de tre uger ferien varede havde faderen ikke weekendsamvær med Tais, dette havde jeg så meddelt til de respektive myndigheder. Vi tog til Fyn , hvor vi boede på vandrehjem i Odense. Vi var i zoo have. Vi så også H. C. Andersens hus i Odense. Vi tog videre på ferien og tog ophold i en hytte på en camping på Nordsjælland. Det var en god ferie vi havde sammen Tais og jeg. Hver dag i ferien sagde Tais det samme til mig ; "mor i dag skal vi ud at finde en ny far". Tais huskede på sidst han havde set sin far i et weekendsamvær havde faderen drukket, desuden var Tais blevet slået på ørerne, i maven og på ryggen. Det var efter det samvær Tais endda havde fortalt det selv til en pædagog i sin børnehave, at faderen var dum, når han slog ham og Tais havde vist pædagogen hvor på kroppen faderen havde slået ham. Vi havde også været ved lægen, som havde fundet et hæmaton på Tais lænd og noteret det i Tais lægejournal. Men lige nu var vi på ferie sammen, vi havde det godt, selv om vi var truet på livet lige inden ferien.
Vi tog videre på ferien , da vi havde købt et lille telt for at spare penge, vi blev på Sjælland et par dage endnu, men besluttede os så for at tage til Bornholm i den sidste del af de 3 ugers ferie.
Vi havde været på Bornholm året inden alle sammen, både Tais og mine tre store børn og jeg, det huskede Tais på, det havde været en god tur i 2006.

Derfor mente vi her i 2007 kunne det også blive en god oplevelse for Tais og mig. Vi var nu i juli måned og vi var faktisk blevet Sønderborg borgere Tais og jeg. Det var selvfølgelig fordi vi ikke kunne være i vores tidligere bolig i Åbenrå på grund af truslen, at vi havde flyttet til Sønderborg kommune i vores ferie 1 juli 2007, fordi vi måtte have et nyt sted at bo efter ferien.

Faderen vidste ikke vi var flyttet på grund af truslen 15 juni 2007, men han fortsatte med at kontakte vores gamle kommune på telefon, det var jo Åbenrå kommune. Faderen havde på opfordring fra hans kæreste igen påstået jeg skulle være blevet syg i min ferie, men denne gang havde han løjet tykt og sagt jeg skulle på et hospital i ferien, så han og kæresten ville hente Tais hos mig.

Kommunedamen i Åbenrå troede at faderen talte sandt, hun kontaktede slet ikke mig i min og Tais ferie, for at spørge om det var en sand eller usand påstand faderen havde kommet med. Det viste sig jo at jeg var fuldstændig rask den sommer , så Tais skulle jo bare blive hos mig. Men hvordan kunne hun tro på faderen uden at undersøge om han talte sandt eller han talte usandt ? Var noget sådan tilladt i Danmark, at en far og faderens kæreste bare kunne hente moderens barn hos moderen i en sommerferie, som hun og barnet var taget på sammen. Når jeg nu som moder var rejst med forældremyndighed over Tais på denne ferie, kunne de så bare hente Tais hos mig inden ferien var slut ?

Faderen havde jo ifølge samværsresolutionen kun ret til weekendsamvær, det var jo ikke i en weekend de hentede Tais hos mig, det var en torsdag morgen 12 juli 2007. Det stod der ikke noget om i Resolutionen. De havde heller ikke noget papir med den dag de hentede Tais. De var bare rejst til Bornholm efter at have talt med en kommune dame fra den forkerte kommune på en telefon. Alt var styret på telefon, det var så ulovligt det der var sket.

 Så kommer det bibel citat med Frygt ikke, som står så mange steder i bibelen ;*Lukas kap.12 vers.7 , "Ja , selv alle jeres hovedhår er talt. Frygt ikke, I er mere værd end mange spurve"*

Heldigvis havde jeg en god advokat, som skrev til Ankestyrelsen den sommer, at Åbenrå kommune havde lavet en fejl. Ankestyrelsen undersøgte sagen, de kom frem til at Tais var blevet hentet på grund af en fejl i Åbenrå kommune. En fejl som faderen stod bag, for han og kæresten var dem der var kommet med usande påstande overfor kommune damen.
Tais befandt sig faktisk et sted han slet ikke skulle have været til, han skulle aldrig have været hentet af faderen og faderens kæreste den dag i juli. Det var så ulovligt det de havde gjort.

Ankestyrelsen fandt ud af det var en fejl det Åbenrå kommune havde lavet og de ugyldiggjorde kommunens afgørelse. Det var en fejl at Åbenrå kommune havde ladet faderen og hans kæreste hente Tais hos mig på en usand påstand, uden at kommunen havde spurgt mig om faderen talte sandt.

Åbenrå kommune havde så ulovligt flyttet Tais fra min bopæl i juli 2007 til faderens bopæl, for vi boede fra 1 juli 2007 i Sønderborg kommune. Åbenrå kommune havde glemt at undersøge om jeg rent faktisk var syg d.12 juli 2007, da faderen og hans kæreste hentede Tais, for jeg var jo rask den dag. Faderen og hans kæreste var forsvundet væk med Tais allerede inden jeg blev set af en læge den dag, de burde have gjort det omvendt. Jeg burde have været set af en læge først, lægen sagde jeg var rask d.12 juli 2007 og så kunne de ikke have taget Tais med dem. Men de må have vidst de talte usandt siden de havde så travlt med at hente Tais om morgenen inden jeg blev set af en læge. Der er præcis deri bortførelsen består, man kan ikke bare hente et barn fra en rask mor uden grund på en torsdag i moderen og barnets ferie sammen.

Der var gået to måneder efter de havde hentet Tais hos mig inden Ankestyrelsens afgørelse kom, til den tid nemlig 27 september 2007 burde de så have hentet Tais hjem til mig. Jeg fik et papir med afgørelsen fra Ankestyrelsen, som jeg var glad for. Men i praksis savnede jeg faktisk at en myndighed havde taget hånd om at hente min søn tilbage til mig, når han nu var blevet hentet ved en fejl to måneder tidligere.

Det udeblev så. Der var ingen der hentede Tais hjem igen til mig. Den advokat som skulle hjælpe mig på det tidspunkt i oktober 2007, fik telefontrusler fra faderens ven, som er alkoholmisbruger om, at hvis advokaten hjalp Tais og mig ville de smadre hans advokat firma.
Det der skulle have sket udeblev så på grund af trusler, som advokaten glemte at melde til politiet.
Det samme skete igen, da jeg var flyttet til Farum at bo, at en socialrådgiver, som forsøgte at hjælpe Tais, som skrev en underretning til Københavns kommune om at hun var bekymret for Tais trivsel hos faderen, hun fik også trusler. Hun måtte stoppe med sit job vist nok.

Jeg husker den tid, hvor jeg lige havde oplevet det at min søn Tais var bortført fra mig, på samme tid var der dagligt de avisoverskrifter med pigen Madeleine som var blevet bortført af en fremmed person. De billeder gik verden rundt. I den periode gik jeg rundt i min egen lille verden og de eneste der udover mig vidste Tais var væk, var mine store børn. Det var svært for mig at fortælle det til andre venner. De gjorde lidt for ondt, det var for stor en sorg. Lige som jeg troede alt håb var ude, kom Ankestyrelsens afgørelse, som gjorde mig glad. Jeg hejste flagene hjemme i stuen, nu var der håb for at Tais kom tilbage herhjem. Det troede jeg i hvert fald på dengang.

Flere gange havde jeg prøvet at ringe til Tais på telefonen, men uanset om det var faderen eller kæresten, der svarede på telefonen, var svaret altid det samme. NEJ, du må ikke tale med din søn. Jeg vidste ikke engang hvor Tais var henne om han var i faderens eller kærestens lejlighed, for de boede ikke sammen .
Døren var totalt lukket i, som man hører om når et barn er bortført, kan man slet ikke komme i kontakt med barnet, sådan var det også for Tais og mig, vi kunne slet ikke komme til at tale sammen på telefon.
Hvilken børnehave var Tais i, det vidste jeg heller ikke. Jeg skrev til København s kommune, men de ville ikke svare mig, hvor min søn var henne. Tais var virkelig totalt væk, det var meget ubehageligt.

En dag hvor jeg var ved at miste modet helt kom min ældste datter og hendes kæreste forbi, de kunne sikkert godt fornemme at jeg var rimelig ked af det. Min datters kæreste siger så for at opmuntre mig, at han tror på jeg får forældremyndigheden til sidst over Tais. Egentlig havde jeg jo forældremyndigheden helt fra Tais fødsel automatisk, jeg havde genvundet den masser af gange, så sent som i foråret 2007. Men jeg forstod det godt, Tais var jo blevet flyttet ulovligt fra min adresse i sommers til faderens adresse i forbindelse med de henter Tais på Bornholm.

Faderen havde bare hentet Tais og beholdt ham hos sig i nu to måneder og Tais skulle faktisk ifølge Ankestyrelsen s afgørelse have været flyttet tilbage til mig nu.
Jeg havde jo også meldt bortførelsen flere gange til Sønderborg politi, fordi vi boede i Sønderborg kommune den dag de hentede Tais ulovligt hos mig i vores ferie sammen. Sønderborg politi vidste det godt, men hvorfor gjorde de så ikke noget ? Var det fordi faderen havde involveret en kommunedame i hans aktion, sikkert, for kan en kommune dame lave en fejl, ja det kan hun godt, men det kunne politiet måske ikke lige forstå. For så skulle ikke alene faderen og faderens kæreste i et fængsel, men kommunedamen skulle jo så også i et fængsel. Jeg forstår i dag at hensynet til den kommunedame der lavede fejlen i Tais liv 12 juli 2007, er større end hensynet til min søn. Det er jo heller ikke deres søn, de har ingen følelser for Tais, som jeg har, så hvordan skulle de kunne begribe det.

En dag kom jeg på besøg hos to venner i Farum, de var kristne, de bad til gud om at Tais måtte blive befriet og komme hjem. De viste mig et sted i Biblen, som jeg kalder for den åbne dør. Det er i *Lukas evangeliet kap.11. Vers 9-10. " Bed så skal der gives jer, søg så skal i finde, bank på så skal der lukkes op for jer. For enhver som beder får, den der søger finder, og den der banker på lukkes der op for."*
Jeg gik hjem og åbnede min bibel, vist for første gang, fandt stedet og indrammede det med min kuglepen. Dette skriftsted kom til at betyde noget for mig. Disse venner troede på at når de bad til gud blev bønnen hørt. De sagde jeg skulle prøve at tro på det også. Jeg husker jeg var meget taknemmelig for at have mødt dem.

Jeg begyndte så allerede der at tænke lidt over det med gud, at man kunne bede en bøn til gud. Men jeg tror jeg synes det var lidt mærkeligt den måde de var på, de to kristne venner. Dog vidste jeg jo alt kunne hjælpe, så hvorfor ikke bare prøve det og se hvad der skete.
Det er ofte når et menneske kommer i en svær situation i sit liv , at det menneske får brug for at bede til gud. *Men tro som et sennepskorn, er bedre end slet ingen tro. Det er nok for gud, at vi tror bare ganske lidt på ham.* Jeg begyndte selv at bede lidt til gud derhjemme, men var ikke så god til at få åbnet min bibel endnu, for dette var lidt ukendt for mig på dette tidspunkt.
Derfor vil jeg gerne sige tak til gud for jeg fik lov at møde disse to venner på en ny måde, som gav mig inspiration og mod på at vide mere. Det skulle vise sig, at den bøn de havde bedt skulle gå i opfyldelse.

Den lukkede dør Tais havde befundet sig bagved skulle åbnes lidt på klem og gå op. Ankestyrelsens afgørelse fik jeg bragt til dommeren i Sønderborg. Han sørgede så for at Tais kom hjem til december 2007, kun fem måneder efter han var blevet bortført. Lad os bare sige han kom delvis hjem i hvert fald. Vi troede nu alt var godt. Tais kom hjem på et almindeligt samvær i vores hjem i Farum.
Familien var genforenet, vi fik Tais at se hver torsdag og hver anden weekend i vores hjem. Første gang Tais var hjemme hos os, ville han slet ikke tilbage til faderen , han græd højt da faderen hentede ham. Jeg husker første gang jeg så faderen slippe taget i Tais arm, da Tais trådte ud i friheden derhjemme i Farum, det var som et monster, der gav slip på en lille dreng, min søn. Tais ville så gerne blive hos mig, det kunne jeg godt forstå, efter han ikke havde set mig i fem måneder.

Vi kunne takke Ankestyrlesen i København for at vi kunne se Tais igen, da denne myndighed havde konstateret i deres afgørelse at der var sket en fejl i juli 2007. Åbenrå kommune havde lavet en fejl skrev Ankestyrelsen. Det ville sige egentlig skulle Tais have været flyttet hjem på min bopæl at bo nu igen.

Vi fik Tais hjem på samværet , det var selvfølgelig bedre end ingenting, men skulle det have gået rigtigt til skulle myndighederne have rettet fejlen ved at flytte Tais hjem på min bopæl igen.
Jeg ville være taknemmelig for den hjælp vi havde fået, glæde mig over gensynet med Tais.
Muligheden for vi kunne få Tais helt hjem, var der stadig og det var mit håb det ville ende med det.
Dertil skulle der mange bønner til gud , alle de samme bønner... om at Tais ville komme helt hjem at bo igen, at Tais måtte blive et helt frit menneske igen. *For gud er alt muligt, det som for os mennesker synes helt umuligt, det er muligt for gud.* Det troede jeg på .

Tais fortalte mig i samværene om hvordan han havde det hos sin far, Tais havde spurgt faderen og faderens kæreste om han måtte komme hjem til sin mor. Dertil havde de svaret at Tais bare kunne skride. Tais havde ledt efter en nøgle for at komme ud af faderens lejlighed og hjem til mig sagde han. Tais havde følt sig lukket inde. Tais fortalte mig om hvor slemt det havde været at være væk fra mig i så lang tid. Han anede ikke hvor jeg var henne i verden, Tais. Det må hvae været svært for et barn på 5½ år at forholde sig til, når de voksne der så var i nærheden af ham ingen forklaring gav ham på noget som helst, bare sagde nej, det kunne ikke lade sig gøre at komme hjem til mor.

Når jeg så tænkte på da jeg var gravid med Tais, dengang ville faderen slet ikke have et barn. Det virkede så uvirkeligt det hele der var sket nu hvor Tais var 5 år, at faderen og faderens kæreste så pludselig havde hentet Tais hos mig, når faderen slet ikke ville have noget barn og faderen havde været ligeglad med Tais i de første 5 år af Tais liv, hvor Tais boede hos mig.

Der var noget som ikke stemte helt. Ofte faldt det mig ind, at det måske var faderens kæreste der stod bag det hele, men intet kunne jeg vide mig sikker på. Det kunne også være en hævn aktion fra faderens side, da han var sur over jeg havde gået fra ham, da Tais var 2 år. Dengang Tais og jeg forlod faderen, som vi aldrig havde boet sammen med. Vi måtte jo forlade ham, faderen, da han havde slået Tais. Det kunne jeg jo slet ikke acceptere. Derfor måtte vi rejse væk fra faderen.

Tais stod nu igen hjemme i min stue, vi troede nu at han var kommet hjem og han aldrig mere skulle væk fra os igen. Vi havde det godt sammen i weekendsamværene og om torsdagen når Tais var hjemme. Som regel ville Tais ikke tilbage til faderen efter at have været hjemme hos os.
Tais fortalte om hvordan han var blevet mishandlet af faderen, han var blevet slået igen, det var ikke rart at vide. Derfor tog jeg en torsdag Tais med til lægen og sagde, det bekymrede mig at Tais var begyndt at stamme når han havde været hos sin far. Lægen sagde bare, jamen Tais så jo ud til at have det godt hos mig, men jeg kunne jo altid komme igen en anden gang.
Senere skiftede jeg læge og fik en langt bedre læge der hvor jeg boede.

Det var dommeren i Sønderborg , der havde hjulpet Tais hjem på dette samvær. Jeg husker faderen var mødt beruset op til retsmødet. Det skulle så vidt jeg forstod på min advokat kun handle om samvær. Men faderen satte sig beruset op i stolen uden at være blive spurgt af dommeren. Faderen begyndte at forklare at muligt med hvad der var sket på Bornholm i sommeren 2007, da han havde hentet Tais hos mig med sin kæreste. Dommeren vidste ikke hvor han skulle se hen, min advokat vidste ikke hvor han skulle se hen, for de smilede af den berusede far, som ikke forstod, han slet ikke var blevet bedt om nogen forklaring. Den dårlige samvittighed lyste ud af faderen, for han vidste godt det ikke var lovligt det der var sket da han hentede Tais hos mig, men det var en ren løgnehistorie han og kæresten havde hentet Tais på 12 juli 2007. Det var en noget usammenhængende forklaring faderen kom med i retten. Til sidst blev han så spurgt om hvor meget samvær han ville tilbyde Tais med mig, det svarede han på at han ikke ville tilbyde noget samvær. Dommeren var tydeligt vred og sagde jeg skulle have Tais hjem på et almindeligt samvær.

Min advokat havde forud for retsmødet fået trusler fra Tais far s ven, en alkoholiker, som havde ringet og sagt at han ville smadre hans advokat firma hvis han hjalp Tais og mig. Denne advokat var med i retten, han var tydeligvis påvirket af den telefontrussel, for han kunne ikke have mig med i bilen hjem til Sjælland, jeg måtte tage toget hjem. Hvis advokaten ikke havde fået den trussel kunne han have bedt om at jeg skulle have Tais hjem på min bopæl, men turde advokaten ikke gøre nu.

Jeg håber gud har set det hele som foregik både på Bornholm i sommeren 2007 og også her 5 måneder senere. For en ting er at mennesker ikke handler korrekt og bringer orden og retfærdighed i tingene, så Tais kunne komme hjem. *Men jeg tror ikke gud er ligeglad, for han er en god gud.* Det er en stor hjælp at tro på gud. For mig er det min måde at holde modet oppe på i daglidagen, at vide jeg er ikke alene, men gud er min ven. *Gud hjælper også Tais og er med min søn. Uanset hvor svære omstændighederne end måtte være, er der hjælp at hente hos gud. Han er med os.*

Vi havde en god tid sammen Tais og jeg i samværene, vi kunne snart fejre hans 6 års fødselsdag sammen. Vi var ofte ude på legepladser, alle mine børn var med, Tais elskede hans søskende , det var gensidigt. Vi hyggede os også derhjemme, med legetøj og med spil og med at lave mad sammen. Vi kom ud på ture sammen i naturen i nærområdet.
Vi købte en undulat, da Tais godt kan lide dyr. Vi har næsten altid haft et kæledyr derhjemme, fisk eller kaniner eller undulat. Faktisk fra Tais var helt lille.

Vi kunne ikke forestille os noget kunne gå galt nu mere, men at vi bare altid skulle være sammen. Vi var lykkelige når vi var sammen.

DEL 2

Vi kom ind i en god rutine, hver torsdag glædede jeg mig til at se Tais og hver anden weekend. Hele familien var sammen, mine børn og jeg. Da jeg jo havde været enlig mor i mange år efterhånden var det faktisk nu i 2008 det tiende år i træk jeg var enlig mor, det giver en hvis rutine, at være alene med sine børn i hverdagen. Jeg havde også nydt de første 5 år af Tais liv, hvor han var hos mig hver eneste dag. Det giver en nærhed og et sammenhold for livet, en tryghed og en god start på livet for

Tais, at han har haft mig hos sig hver eneste dag, da han var lille. Han var en glad dreng , fuld af energi og gå på mod og tryg, det var han hos mig.

Det er også det jeg husker tilbage på med stor glæde, alle de gode timer vi har haft sammen Tais og jeg. Hans far havde ikke haft nogen særlig stor interesse i at se Tais, faktisk havde faderen ikke på noget tidspunkt søgt samvær med Tais. Han ringede heller ikke til Tais, da Tais boede hos mig. Da Tais var lille var jeg dagplejer for ham og for to andre børn der hvor vi boede. Senere hen var jeg meget hjemme hos Tais, så meget jeg nu kunne. Tais havde gode legekammerater der hvor vi boede og vi kom meget ud for at nyde naturen, gå ture, cykle, se på dyr på marken og gå på biblioteket og i svømmehallen. Tais elskede at se på traktorer, gravemaskiner, busser, tog , motor cykler, biler, alt der kunne køre. Han ville gerne selv prøve at sidde på en mini traktor, f.eks når der var dyrskue. Tais kunne som mindre godt lide at komme ud i klapvognen og gå ture og se på dyr på marken eller gå ture i skoven.

Vi har altid været heldige at bo tæt på grønne områder. Det er rart at tænke på nu at Tais har været lykkelig da han boede hos mig. Gid der ikke var sket noget som helst, som gjorde vores liv blev så traumatiserede, hvorfor skulle det også ske for os ? Det er nok mange der tænker, når de havner i de en uforudsete ting der sker i livet. Vi kommer igennem livet med lyse tider, tiderne skifter og der kommer også perioder med problemer, sådan er livet. *Det jeg dog ved nu er at gud har gode planer for vores liv, planer og lykke, fremgang og håb,* det værdsætter jeg at se frem til.

Lige nu kunne jeg nyde tiden sammen med Tais, men der kørte hele tiden en retssag , som endnu ikke var afsluttet og som jeg ikke vidste om det ville bringe noget godt med sig. Tais var nu 6 år og havde besluttet sig for han ville bo hos mig. Tais fortalte mig det, han havde også været hjemme hos faderen og sige det der. Det var modigt tænkte jeg, hvordan mon faderen ville reagere på den udmelding fra Tais. Tais far var øjensyneligt blevet vred, for det Tais nu kom hjem og sagde, var ikke lige ventet.

Tais kom hjem til mig på kristi himmelfartsdag i 2008, det var også en torsdag. Tais kommer ind og giver mig et knus. Min søn siger så, at far har sagt at vi begge to skal dø, både Tais og jeg. Jeg trøstede Tais med at jeg ville passe godt på ham og gud ville passe godt på os, så der ikke ville ske os noget. Tais var dog tydeligt rystet over den trussel, faderen havde givet ham, Tais var jo også kun 6 år på dette tidspunkt. Tænk at far kunne sige sådan noget til sin egen søn, det kan være svært at forstå. Dog sidder jeg med den baggrundsviden at jeg ved faderen ønskede Tais skulle være en abort, men derfra til at sige til sin 6 årige søn, at nu skulle sønnen dø og moderen også, det er for langt ude. Var det mon på grund af Tais havde sagt han ville bo hos mig.... kunne faderen bare true sin søn sådan, var det normalt at reagere sådan … nej. Mon nogen ville kunne forstå der var noget helt galt med Tais far, når faderen opførte sig sådan. Det håbede jeg på. Jeg meldte det i hvert fald til politiet dagen efter.

Tais var påvirket af den trussel, hele den dag. Vi var ude at gå en tur, men på vej hjem måtte jeg bære Tais, så træt var han. Hvad var endnu mere vanvittigt, det var at skulle jeg aflevere min søn til en far der havde truet ham på livet ? Det var umenneskeligt.

Jeg håbede politiet ville kunne hjælpe os, problemet var bare de var så længe om det. De havde godt nok taget imod anmeldelsen, men mere skete der ikke.

Næste gang Tais kom på weekend hos mig, var han stadig utryg ved faderen. Faderen havde arrangeret det sådan at han skulle hente og bringe Tais hos mig på min bopæl, hvilket var uhensigtsmæssigt når min ekskæreste så samtidigt kunne finde på at true os på livet. Myndighederne kunne have sørget for at jeg skulle hente og bringe Tais i hans Institution i stedet for. Det havde været bedre for alle parter. Jeg var også selv utryg ved faderen, når truslen nu var rettet imod både Tais og mig. Derfor valgte jeg at tage på krisecenter med Tais, som vi ofte havde gjort tidligere når vi blev truet på livet. Vi var på krisecenteret et stykke tid. Vi fik husly og mad, men ingen hjalp os i forhold til at kontakte vores hjem kommune. Vi stod meget alene med det hele. Vi fik ingen hjælp af politiet eller en anden myndighed.

Vi tog hjem igen fra krisecenteret, der havde været nogen at hamre på vores dør fortalte naboen mig, med al sandsynlighed var det faderen. Året inden det her skete havde faderen og faderens kæreste hentet Tais ulovligt hos mig og flyttet Tais til deres adresse. Tidligere da Tais boede hos mig i de første 5 år af hans liv, var det således når vi blev truet på livet, kunne vi blive sammen Tais og jeg. Men det kunne vi så bare ikke denne gang, måske var det ligefrem en taktik faderen brugte imod os, det med truslerne. Det lod som om faderen fik sin vilje med alt bare han fortsatte med at true os på livet. Alle de personer faderen kontaktede adlød faderen. Hvad skulle vi egentlig med politiet, når de ikke gør noget for at stoppe en mand der truer sin ekskæreste og sin søn på livet. Det er et godt spørgsmål, for jeg er nok ikke den eneste der har prøvet det her.

Selv om jeg året før havde meldt bortførelsen af min søn Tais til politiet i Sønderborg, havde politiet intet gjort endnu. Tais skulle jo have været bragt hjem til mig af myndighederne da Ankestyrelsen opdagede den fejl der var sket, da faderen og faderens kæreste havde hentet Tais hos mig i sommeren 2007.

Denne nye trussel vi havde fået i maj 2008 havde nu ført til faderen bare kunne hente Tais hos mig, hvilket jeg ikke begriber. Men faderen må have været meget dygtig til at tale usandt, så meget kunne jeg forstå i hvert fald. I forbindelse med jeg skulle aflevere Tais til faderen blev jeg udsat for vold, den ene af de to personer faderen denne gang havde involveret i at hente Tais hos mig overfaldt mig og tog mig meget hårdt i min arm. Jeg fik blå mærker og lægen på skadestuen sagde jeg skulle melde det til politiet, men det havde jeg slet ikke lyst til. Jeg havde fuldstændig mistet tiltroen til politiet nu, det må jeg indrømme. Efter i flere år selv at være blevet slået, se faderen slå min søn og i flere år blive truet på livet , havde jeg meldt det hele til politiet, de havde ikke hjulpet os.

Jeg har brug for på dette sted at henvise til et bibel citat , *fra Salme 103 vers 6"Herren øver retfærdighed og ret mod alle undertrykte."*
Med hensyn til hvordan Tais blev behandlet af sin far, der tænker jeg på dette sted at gud vil hjælpe Tais.

Derefter tog jeg til et krisecenter i en periode, bare for at se om nogen der kunne hjælpe. Medens jeg boede der kom kronprinsesse Mary på besøg. Hun havde en lille gave med til børnene, en ryg sæk. Jeg fik en med hjem til Tais. Desuden talte jeg med Mary, gav hende et lille kort med en beskrivelse af Tais og mit liv og et foto af os, det gjorde vist nok indtryk på hende. Det er en god kronprinsesse vi har med stor medmenneskelighed og god indlevelses evne. Ryk sækken har jeg gemt til Tais.

Mary havde stiftet Mary fonden, hun var imod at kvinder og børn blev udsat for vold, det er desværre så almindeligt herhjemme. Vi er mange i samme båd, hvis det kan hjælpe nogen.

Jeg ville ønske det ikke var så tabubelagt, at tale om man har været udsat for vold, det skulle være lettere at hjælpe os, både kvinder og børn. Efter min mening skulle de voldelige fædre i behandling på et hjem, medens kvinderne og børnene skulle have lov at blive i deres eget hjem, skulle faderen fjernes fra hjemmet. Det ville være godt med specielle afdelinger i politiet, med ansatte der var specialiseret i at hjælpe mødre og børn, desuden at de gjorde noget for at behandle de voldelige fædre. Det er ønske tænkning, men måske en ide jeg kan lade gå videre.

En dag kom Etta Cameron også på besøg og sang for os der boede på krisecenteret, det her var i 2008. Hende har jeg altid holdt af, da jeg er vild med gospel. Det fik mig også til at starte i et gospelkor i efteråret 2008. Det var godt for mig at synge, ren terapi, for når jeg sang glemte jeg alt andet. Det var bedre at synge end at være på et job. For når jeg var i arbejde, tog det al min tid og energi, den energi jeg skulle bruge på at befri Tais. Mit klare mål var at Tais skulle hjem igen, det var bare at finde den rigtige advokat mente jeg, som kunne klare den opgave. Det måtte da være muligt.

Det var også dette efterår jeg fik startet på at besøge kirken i kulturcenteret. Det kom sig af jeg så en Tv udsendelse med nogle der sang med et band, med keyboard, trommer og bas og el guitar, der var flere der sang i mikrofon. Det var lovsang, som det hedder, moderne musik, det sted måtte jeg hen at se. Det blev starten på et helt nyt liv for mig, et møde med disse glade mennesker der troede på gud. Man kunne blive voksendøbt, det ville jeg gerne, for selv at sige ja til jeg tror på gud og på jesus.

Det gik egentligt meget nemt, men jeg glemte lige at fortælle om mine kristne venner, som havde taget mig med til noget der hed forbøn. Jeg troede det var farligt, men det var det slet ikke. Jeg sagde til den mand der skulle bede til gud for mig, om han kunne bede om min bortførte søn kom hjem. Min veninde stod bag ved min ryg, der blev bedt for mig og for Tais. Det var slet ikke farligt, faktisk tvært imod befriende. Fra det øjeblik der var bedt for mig, troede jeg på det ville lykkes at få Tais hjem igen. Jeg vidste bare ikke hvornår.

Det skulle vise sig jeg mange gange mistede modet og kom i tvivl, så fik jeg en ny forbøn og det hjalp mig hver gang. Jeg begyndte af og til at læse skriftsteder i bibelen som jeg fik vist af de andre kristne, på den måde lærte jeg bibelen lidt at kende. Men bare det at vide gud var med mig, gjorde den smerte jeg havde og det savn jeg havde lettere at bære. Tais var væk og jeg var meget ked af det. Jeg græd ofte når jeg var alene, for mine store børn skulle ikke se det. Igen og igen måtte jeg fortælle historien om hvad der var sket med Tais til nye advokater, nye myndighedspersoner, men ingen af dem formåede at befri Tais fra faderen og faderens kæreste.

Når vi var ved retsmøderne, lovede faderen guld og grønne skove, at han nok skulle give samvær , så snart et retsmøde var slut og Statsforvaltningen skulle fastsætte samvær, ville han slet ikke tilbyde samvær. Faderen talte hele tiden usandt ved retsmøderne, hele tiden troede alle på ham. Det var forfærdeligt. Ligegyldigt hvor mange gange jeg fortalte om dødstruslerne og hvorledes Tais var blevet hentet på Bornholm og selv om de så alle bilagene på Tais havde det godt hos mig, selv om de så alle bilagene fra lægen om hvorledes faderen havde slået både mig og Tais, ligegyldigt hvad så vendte de det blinde øje til. Det var egenltlig ligegyldigt om det var dem i retten eller dem i Statsforvaltningen, ingen ville hjælpe Tais.

Hvad havde vi dog gjort siden vi skulle havne i denne situation spurgte jeg ofte mig selv....

Tais og jeg befandt os nu i et nyt mareridt, for lige som vi troede at Tais var kommet hjem, da han så havde været hjemme i et halvt år skete det igen , han blev hentet og var nu væk igen. Faderens ønske var jeg slet ikke skulle se Tais, det lyttede man til. I to år fra 2008 til 2010 så vi slet ikke hinanden Tais og jeg. Det var ganske forfærdeligt. Faderen havde bare talt med en dame på telefonen i Statsforvaltningen og så fået sin vilje med det hele. Hverken Tais eller mig blev hørt. Vi eksisterede ikke for Statsforvaltningen. Det var kun faderen man tog hensyn til. I statsforvaltningen ligger der ellers fine pjecer om Barnet i centrum, det var lidt svært for mig at få øje på barnets tarv i denne her sag.

Uvisheden, det var det værste. Det må have været slemt for Tais ikke at vide hvornår han kunne få mig at se igen, det var i hvert fald meget hårdt for mig. Jeg fortsatte hver eneste dag med at bede til gud. Da jeg blev voksendøbt i kirken i kulturcenteret, gav det mig et bedre liv. *Jeg havde fået guds fred i mit hjerte, jeg ville ikke mere være alene, jesus havde forvandlet mit liv, ved jeg tog ham til mig og valgte at følge ham og bede til gud.* Som de siger i kirken i kulturcenteret, vi har givet vores liv til jesus og der er ingen vej tilbage, kun en vej frem imod det evige liv. Men lige nu vil jeg nyde livet medens jeg er her på jorden, for jeg ved at det liv jeg nu har fået er bedre end det gamle liv, hvor jeg slet ikke var bevidst om gud han er der for mig og mine børn, altid. Tak for det siger jeg bare...

Jeg havde brug for det lys i mørket, for det var rigtigt slemt at skulle leve i det to år i uvisheden om hvornår jeg skulle se Tais igen. Helt uden grund var vi blevet adskilt i sommeren 2007 og nu efter Tais havde været hjemme fra julen 2007 til maj 2008 i ½ år, så pluselig var vi adskilt igen. Det var som om faderen fandt nydelse i at gøre ondt imod Tais og mig og mine store børn, ved at tage Tais fra os på den måde. Hvorfor var der ingen der så hvor ond han var faderen ? Hvorfor gjorde de bare alt han bad om. Jeg kommer tilbage til hans truende adfærd, med den kunne han styre det hele. Alle gjorde det han sagde, for de skulle jo i hvert fald ikke selv nyde noget af at blive truet. Ellers var han jo så flink faderen imod de damer fra forskellige myndigheder han talte med på telefon.

Min trøst var dog at gud så det faderen gjorde, gud så den måde faderens kæreste var på. Det ville sige her på jorden kunne de godt skalte og valte som de ville, men når de nu foragtede gud så meget, tog så meget afstand fra gud som de gjorde, hvorledes skulle det så ikke gå dem senere hen..

I hvert fald blev jeg meget kritiseret for at tro på gud, det var bl.a en af deres argumenter for jeg ikke måtte se Tais, det at jeg var kristen. Et andet argument de så ofte brugte imod mig var de hævdede hele tiden at jeg var syg, selv om jeg var rask. Selv om lægen skrev jeg var rask. De blev ved og ved med de falske beskyldninger imod mig.

Jeg følte det var en mørk tid de to år jeg måtte undvære Tais, der skete først noget en dag jeg havde været i Foreningen far. De havde nogle mænd ansat der, som skrev to linier i et brev til Statsforvaltningen, så skulle man bare skrive under sagde de, som om man selv havde skrevet brevet.

Min veninde og jeg havde været både ved Furesø kommune og Københavns kommune og ingen af stederne ville de hjælpe mig og Tais. Men Foreningen Far kunne tilsyneladende noget , da det efter deres brev endelig kom en reaktion fra Statsforvaltningen. Jeg fik så Tais at se igen.

Der var nu gået to år, hvor som sagt befandt mig lige som i mørkets dal. *Fra Salmernes bog , salme*

23, vers 4 "selv om jeg går i mørkets dal, frygter jeg intet ondt, for du er hos mig Gud...

Det ville sige, der var altså en vej ud af mørket, selv i mørket havde jeg ikke været bange, for gud var med mig hele tiden. På samme måde må gud have båret Tais min søn igennem den smerte han har oplevet ved ikke at se mig moderen i så lang tid.

Den dag der var en person som ringede til mig og sagde om en uge skal du se Tais igen, da stod jeg inde i Tivoli sammen med en veninde og min store søn og hendes søn, der begyndte glædestårerne at få frit løb, jeg var ligeglad hvem der så det. Min dag var reddet. I august 2010 fik jeg endelig Tais at se igen.

 Det med at være udholdende i bøn og holde ud i lang tid og holde modet oppe det havde jeg bestemt lært nu. Alle svære tider har en ende heldigvis, nu var det er lys for enden af den tunnel, om bare en uge skulle jeg se min søn Tais igen. Jubii.

DEL 3

Minder er gode at have. Jeg husker tydeligt den dag Tais blev født. Det var en meget speciel dag. Vi boede i et hus i Måløv dengang i 2001, da jeg var blevet gravid med Tais. Tais far boede alene i sin egen lejlighed i Københavns Nordvestkvarter.
Jeg havde ønsket mig dette barn, mine store børn var på dette tidspunkt hos mig i halvdelen af tiden, resten af tiden var de hos deres far. De havde jo ikke samme far som Tais. Efter skilsmissen i 1998 fra de store børns far , havde børnene bopæl hos mig. De boede således hos mig i de første 3 år efter skilsmissen, så blev vi fra 2001 fælles om børnene. Det passede med jeg blev gravid med Tais ganske kort tid efter vi havde fået en deleordning om mine tre store børn, hvor de så var mere hos deres far. Jeg havde længtes efter at få et barn der altid kunne være hos mig. En dag kom Tais far, min daværende kæreste på besøg i huset i Måløv. Jeg fortalte ham om mit ønske at få et barn. Han sagde han mente ikke han kunne få et barn, da hans sædkvalitet var blevet testet, men vi kunne da

godt droppe at bruge prævention. Jeg gjorde det klart overfor ham, at hvis jeg blev gravid , ville jeg have barnet.

På dette tidspunkt var min ældste datter 11½ år og min datter nummer to var 8½ år og min søn var 4½ år. Det er Tais søskende. Det viste sig hurtigt at jeg blev gravid og jeg var lykkelig over at vente mig med Tais. Jeg var selv på dette tidspunkt 38½ år, da jeg stod med graviditetstesten i hånden blev jeg lykkelig, da den viste sig at være positiv. Det var måske ikke lige det jeg havde ventet, når Tais far havde sagt han ikke kunne få børn. Jeg var dybt taknemmelig, det var en gave fra gud. Et ønske var blevet hørt.

Mit problem var dog, hvordan skulle jeg fortælle det til Tais far, jeg forventede jo ikke ligefrem at han blev lykkelig over den nyhed. Han reagerede nærmest ikke på den besked, han virkede ligeglad. Jeg foreslog at vi kunne køre en tur til Helsingør og spise en stor is for at fejre det, det var jo sommer.

Siden blev der ikke talt om det , det stod klart for mig at min daværende kæreste ikke ville have det barn der var i min mave. Men heldigvis var ønsket om at få et barn så stort hos mig, at jeg valgte at føde Tais alene og selv tage ansvar for min søn.

Der gik da heller ikke lang tid under graviditeten før min daværende kæreste kom og bad mig om at få en abort, men det ville jeg ikke, sagde jeg til ham. Derfor vidste jeg allerede meget tidligt i graviditeten , at jeg ville blive alene med Tais efter fødslen. Dog blev min glæde ikke mindre af det, jeg kunne dele min glæde og forventning om barnet i min mave med mine store børn.

Med hensyn til de normale undersøgelser under graviditeten gik jeg alene til jordmoder og til scanning. Det husker jeg tydeligt da jeg tog til Herlev hospital, hvor jeg ventede på gangen inden scanningen, tænkte på at gud var med mig, det var hans vilje at jeg skulle føde min søn , det rørte mig dybt, at denne gave var givet til mig. En følelse af lykke og tryghed bredte sig inde i mig, at jeg var ikke alene, gud var med i det hele. Efter scanningen fortalte jeg mine store børn om barnet på vej i min mave, vi glædede os alle meget til Tais skulle blive født. Det kan være skønt at være enlig mor, selv om der er meget at se til med fire børn.

Det er selvfølgelig noget jeg den dag i dag takker gud for, at han skænkede mig mine børn, for hvad havde mit liv været uden dem ? Tomt... meget tomt, det er hele meningen med mit liv, at jeg skal være en god mor.

Inden jeg blev gravid med Tais var min ekskæreste faktisk flink imod mig, men det var tydeligt han ikke ønskede at få et barn med mig og fra den dag ændrede vores forhold sig.

Vi boede hver for sig, jeg boede sammen med mine børn og han boede alene, sådan havde vores forhold fungeret fint indtil nu. Der må jo have været nogle positive siden ved min daværende kæreste for ellers var jeg jo ikke blevet forelsket i ham , vi havde jo kendt hinanden i 3 år inden jeg blev gravid.

Børnene og jeg var i vores hus i Måløv, min ældste søn holdt af og til rundt om min mave og glædede sig og ønskede sig en lille bror, for vi kendte jo ikke kønnet på forhånd. Mine døtre glædede sig også som nu piger gør, idet de skulle være store søstre og de var stolte af det.

Den yngste af mine døtre elskede på dette tidspunkt at lege med sine dukker. Hun havde også en baby dukke, som hun var glad for. Det er det bedste at se glæden i sine børns øjne, som mor var det den største glæde man kunne få.

Jeg vil her gerne skrive et lille citat, som er sagt af Theodor Reik ;
"Forholdet mellem mor og barn er det stærkeste forhold og bånd på denne jord – det forbliver uudsletteligt og ubrydeligt."
Kærligheden mellem en mor og hendes børn er den største kærlighed der findes.

Jeg vidste ikke på dette tidspunkt at jeg engang senere i mit liv skulle møde en ny mand, en mand der var god imod mig.

Men for en mor blegner forholdet til en mand en smule, når hun tænker på sine børn, for de vil altid komme i første række.

Der findes mænd der har svært ved at acceptere at moderen elsker sine børn højere end sin kæreste, min daværende kæreste var meget jaloux på mine børn og det var et problem, for mine børn er og var og vil altid være nummer et for mig.

Nogle mennesker identificerer sig med deres job og for de mennesker er jobbet og karrieren det vigtigste , sådan vil det aldrig blive for mig.

Jeg ved at gud har sat mig på denne jord for at jeg skal være en god mor for mine børn, det er målet med mit liv simpelthen. Nogle mennesker ved ikke hvorfor de er her, måske taler gud ikke til dem, eller måske hører de ham bare ikke. Det kan godt være du synes jeg er mærkelig når jeg siger gud taler til mig. Desuden ved jeg at gud hører min bøn, han svarer bare ikke på bønnen så hurtigt som jeg ønsker altid, derfor tager nogle ting tid. Det har jeg mærket i mit liv i hvert fald , at jeg skal være fuld af tålmodighed.

Da tiden kom hvor jeg skulle føde Tais min søn, var jeg i huset i Måløv sammen med min ældste datter. Hun havde insisteret på hun ville hjem til mig dagen inden fødslen, så det kom hun. Vi tog en tur i Ballerup centeret , min datter fortalte mig, at hendes ønske var at bo hos mig hele tiden. Det ville jeg gerne hjælpe hende med. Dagen efter skulle jeg dog pludselig på hospitalet for fødselen var gået i gang. Faderen havde lovet at køre mig til hospitalet, men han ville ikke selv med til fødselen. Min datter fulgte med mig derud, jeg havde måttet ringe til faderen i flere timer, for han gad ikke kommer. Tilsidst lykkedes det mig dog at få ham til at køre os til Herlev hospital, hvorfra han så gik straks efter jeg var kommet ind på fødestuen. Jeg måtte klare fødselen alene, men jeg havde jo i hele graviditeten vidst at faderen ikke ville med under fødselen, så det kom jo ikke bag på mig. Jeg var kun glad for at få et barn der kunne være hos mig altid, for mine 3 store børn måtte jeg jo dele med deres far. Tais far ville intet have at gøre med Tais , det vidste jeg jo, så jeg var enlig mor fra dag 1.

Jeg havde siddet alene på fødestuen i et stykke tid, så tænkte jeg at jeg måtte hellere trække i snoren, så der kunne komme en jordmoder for at tilse mig. Det var en fødsel der kostede blod sved og tårer for Tais var en stor baby på 4 kg og 680 gr. Under graviditeten havde jeg også lignet en der skulle have tvillinger. Da Tais blev født holdt jeg en sygeplejeelev i min hånd og vi blev begge rørt til tårer og det vidunderlige barn der nu kom ud og skulle ligge lidt på min mave. Bagefter blev Tais lagt over i en lille vugge på samme stue som mig, så jeg hele tiden kunne se ham. Det var overvældende at blive mor endnu en gang og et fantastisk mirakel. Men pludselig begyndte jeg at miste min bevidsthed, som om jeg var ved at forsvinde væk fra rummet. Det var som om jeg blev trukket op under loftet og kunne se den lille vugge med Tais i på fødestuen, så tænkte jeg, at jeg må hellere blive i denne verden, da den lille fyr har brug for sin mor. Jeg hørte nogle sygeplejersker og læger der råbte mit navn højt, men jeg kunne ikke svare, jeg kunne kun høre dem. De råbte det navn jeg hed dengang ; Mona, Mona …. Mona... men jeg kunne ikke svare dem. Jeg havde mistet bevidstheden og var ude i det man kalder en nærdødsoplevelse. Det første jeg så da jeg vågnede var udover Tais selvfølgelig , at begge mine hænder var der indlagt et drop i og på min næse og mund sad et ilt apparat. Lægen talte til mig om jeg var vågen nu, da kunne jeg svare. Jordmoderen sagde det havde været en hård fødsel , jeg havde mistet meget blod og væske og måtte ikke forlade min seng i et døgn.

Derfor måtte Tais og jeg blive på hospitalet endnu et døgn. Jeg benyttede lejligheden til at ringe til Tais far, men han tog ikke sin telefon. Efter utallige opkald og 7 timer senere fik jeg endelig fat i min ekskæreste. Han havde ikke lige tid til at se sin søn, for han skulle hygge sig med sine venner sagde han. Jeg var målløs. Han ville ikke engang se Tais, hvad var det for en slags far ?

Dagen efter tog jeg en taxa hjem til huset i Måløv sammen med Tais, bare os to alene, for faderen ville jo ikke hente os. Det var en dejlig solskinsdag i april og jeg havde lånt et tæppe fra hospitalet til at pakke Tais ind i, der sad jeg med min nyfødte søn i mine arme.

Guds nåde er ny hver morgen og denne dag havde gud givet mig en stor glæde, min lille søn i mine arme, jeg var lykkelig.

Vi skulle starte en ny tilværelse sammen Tais og jeg, vi fik det fantastisk godt, vi var jo også sammen med mine tre store børn, så vi var ikke alene.
Tais søskende stod nærmest i kø for at sidde med deres lillebror på skødet. Tais fik så meget kærlighed , omsorg og opmærksomhed fra os i sine første leveår, det gjorde os tæt knyttet til hinanden. På trods af faderen var fraværende i Tais liv efter fødslen , led Tais derfor ingen afsavn , for han havde jo os. Det er da bedre med en mor og tre søskende der elsker en. Tais var en glad og elsket dreng og han var tryg hos os.
Da Tais blev et år og min barsel var slut blev jeg dagplejer for Tais og to andre børn, derved kunne jeg stadig være hjemme hos Tais i dagligdagen. Det er i barnets første år barnet knytter et tæt bånd til den eller de forældre der tager sig af barnet. Tais havde kun mig, for hans far ville ikke være sammen med Tais. Faktisk kunne jeg gå hjemme med Tais til han blev 2 år. Vi havde det pragtfuldt i grønne omgivelser og vi gik tur hver eneste dag. På den måde fik Tais frisk luft og vi var også sammen med andre børn i legestuen en gang om ugen.

Når mine store børn hver anden weekend var hos deres far, tog jeg nogle gange med Tais indtil hans far i København Nordvest kvarter. Faderen var ofte ikke hjemme, men hvis han var blev vi af og til sendt tilbage til huset i Måløv, for det passede ikke Tais far at have os der , sagde han. Han havde levet som ungkarl i mange år og ahvde sine venner og sit sorte arbejde at passe.
Når det var værst gik han amok i sin afmagt og slog mig, fordi han ikke magtede at se sin søn og mig hos ham i sin lejlighed.
Tais far var mig også utro med andre kvinder, derfor ville han jo skjule overfor dem , at han havde en søn med mig. Der var bl.a en muslimsk kvinde i opgangen, som flyttede , da hun fandt ud af faderen havde en søn med mig. Da Tais blev to år flyttede jeg med min søn til Sønderjylland efter faderen havde slået ham på Restauranten. Jeg kommer jo fra Sønderjylland, hvor jeg er født og opvokset som barn. Vi fik det langt bedre da vi kom på afstand fra Tais far, for så kunne han ikke slå os mere. Vi savnede dog i vores hverdag mine store børn, idet vi stadig kunne se dem, men bare ikke så ofte som vi havde været vant til i de første to år af Tais liv.
Tais far havde haft et alkoholproblem og ind i mellem tog han sig en tur , hvor han drak, han havde dog som ung været i antabus, så han drak ikke dagligt. Det lå i familien, da min ekskærestes egen far også havde drukket og derved havde min ekskæreste fortalt at hans søster skulle til moderen at bo pgra. Faderens druk . Så det kom ikke fra fremmede, det lå i hans familie i forvejen. Jeg ved ikke om det er arveligt betinget, men Tais fars temperemant havde han også fra sin far, altså fra farfaren til Tais.

DEL 4

Vi befinder os nu i 2013, der er gået noget tid og det går langsomt den rigtige vej for Tais og mig. Ting tager tid og der skal meget tålmodighed til.
Efter Tais havde boet hos mig i de første fem år af hans liv fra 2002 til 2007, som var de bedste år vi havde sammen, så skete der jo noget uforudset, som vi slet ikke var klar over kunne ske for os. Det var på det tidspunkt da Tais var 5 år, at vores liv blev et mareridt fra den ene dag til den anden. Som jeg tidligere har været inde på var det der skete jo, at Tais far og hans kæreste uanmeldt hentede Tais hos mig i min og Tais sommerferie sammen på Bornholm. Det var en meget voldsom oplevelse jeg helst havde været foruden og Tais ligeså. Vi to hørte jo sammen som mor og søn fra Tais fødsel og vi havde tilbragt alle dage i Tais liv sammen indtil da. Derfor kan jeg slet ikke forestille mig hvor slemt det må have været for Tais , at miste den person som han var tryg ved , den person der dragede omsorg for ham og elskede ham, det må være det værste der kan ske for et lille barn, at miste kontakten til sin mor fra den ene dag til den anden.
Men de kristne venner jeg havde som troede på gud, de bar for Tais og mig. Jeg havde desuden en række samtaler med en præst, hvor jeg fik talt om den sorg det var som mor , at miste kontakten til mit barn fra den ene dag til den anden. Jeg græd dog ofte når jeg savnede Tais, ofte var jeg alene så mine store børn ikke skulle opleve deres mor ked af det. Men der skete noget godt, fordi der var mennesker omkring mig, der støttede mig og bad til gud for Tais og mig. Det hjalp.

I første omgang kom Tais jo hjem til mig i Farum allerede i dec.2007., på det tidspunkt havde han været bortført fra mig i 5 måneder. Dommeren i retten gav os et almindeligt weekendsamvær, hvor vi kunne ses i weekenden hver anden uge, samt om torsdagen. Jeg troede dengang, at nu blev alt godt og den værste fare var drevet bort, jeg mente at Tais nu var på vej hjem, på vej tilbage til mere frihed til at se mig og hans søskende. Men det var godt jeg ikke vidste hvad der senere skulle ske.

Vi oplevede samværet som trygt og godt i et halvt års tid, faderen skulle godt nok hente og bringe Tais på min bopæl, det var noget dommeren havde arrangeret. Jeg havde nok syntes det var bedre om jeg kunne hente og bringe Tais via institution, da Tais far tidligere havde været voldelig imod mig. Men det var ikke noget de tog højde for i retten, den slags ting blev fejet ind under gulvtæppet, man gjorde som om det ikke havde eksisteret. I retten blev vi behandlet ens, lige som alle andre forældre, skønt vi ikke var som alle andre forældre.

1 maj 2008 kom Tais hjem til mig og fortalte hans far havde sagt, at både mor og Tais skulle dø. Tais var tydeligt mærket af truslen og jeg prøvede at sige til ham, vi skulle ikke være bange for gud er jo med os og passer på os hele tiden. Men jeg må indrømme jeg blev selv en smule utryg ved tanken om at truslerne nu igen var blusset op. Det var som om i de perioder man ikke blev truet på livet troede jeg hver gang at det ikke ville ske mere, men gang på gang gentog det samme mønster sig. Jeg politi anmeldte truslen og der skete intet.
Nogle gange havde politiet kontaktet Tais far, som sagde at han intet havde gjort. Han havde en formidabel evne til at lyve folk lige op i hovedet, de troede på ham. Han kunne smile medens han løj. Jeg vidste godt at kun gud kunne gennemskue min ekskæreste, det kunne politiet ikke.

Tais og jeg måtte rejse på et krisecenter et par dage, på den måde overholdt vi jo ikke samværet, men vi var begge to utrygge ved Tais far.

Dommeren forstod ikke hvad der skete, han troede åbenbart det var for sjov vi var rejst på krisecenter. Så faderen kunne forlange , at jeg ikke måtte have et samvær med min søn. Det der skulle have været sket, var at de medarbejdere der var på krisecenteret skulle have kontaktet myndighederne for os, men det skete ikke. Så da jeg og Tais kom hjem fra krisecenteret skulle jeg bare aflevere Tais til den far der havde truet os begge på livet.

Tais ville ikke derhen, men det lyttede man ikke til. Man troede tilsyneladende , at det var mig som mor , der havde handlet forkert og ikke den voldelige far.

Den slags ting har jeg aldrig rigtigt forstået, hvordan myndighederne i den grad svigtede både Tais og mig.

Jeg kunne have lyst til at råbe til gud på det tidspunkt, hvor er du gud ? Hvorfor griber du ikke ind og hjælper min søn og mig ? Jeg kunne til tider tvivle på gud og endda miste troen for en stund. Dog blev jeg altid klogere og tænkte, jamen der er både godt og ondt i denne verden og gud græd jo da han så de hentede Tais hos mig.

Der skulle gå 2 år fra 2008 til 2010, hvor jeg slet ikke så min elskede søn Tais. Det gjorde ondt indeni. Det er så ubegribeligt det faderen udsatte os for, at han nægtede os samvær i 2 år. Det har sat sig dybe spor i vores liv. Det bliver noget jeg i hvert fald ikke glemmer. Jeg gik ind til foreningen far, de hjalp mig. Der fandtes jo ikke foreningen mor. Desværre... for det kunne der godt være brug for med alle de mødre , der efterhånden ikke må se deres børn for faderen. Det bliver mere og mere normalt desværre , at børnene kommer til at bo hos fædre. Nogle af disse fædre er gode, de lader børnene se deres mor. Men andre fædre er ligesom Tais far, både egoistiske og stædige og onde, de nægter børnene at se deres mor. Jeg er glad for mine tre store børns far er en god far, for vi har altid begge to set vores tre fælles børn, mine store børn. Det er kun Tais der har en dårlig far, som ikke tænker på sit barns ve og vel.

Hvor umenneskeligt at holde sin søn Tais væk fra hans mor, mig på den måde. Hvordan kunne nogle personer fra systemet støtte op om sådan en far ? De kendte ham vist ikke, det må jeg konkludere.

Var det fordi vi var kommet til Sjælland, nærmere bestemt Københavnsområdet, hvor mennesker er så ligeglade med andre mennesker... eller er det bare fordi man i storbyen forsvinder i mængden. Jeg var vant til en helt anden medmenneskelighed fra Sønderjyderne, som vi kendte Tais og jeg fra vi boede der, de var ikke ligeglade med os. Hvordan skulle Tais kunne forstå når han spurgte efter sin mor, at faderen bare talte usandt hver gang han svarede ; ” Du kan ikke se din mor Tais, for din mor er syg.” Jeg var slet ikke syg, hvilket Tais jo fandt ud af da han endelig så mig igen. For efter to år blev der et samvær for Tais og mig, godt nok var det overvåget, men to timer var da også lidt tid sammen. Vi kunne nu langsomt hele det sår vi havde, vi kunne nu ses i det mindste.

Jeg husker Tais efter et af disse samvær gik direkte ud til hans far der ventede i gangen udenfor og sagde ; ” Far, mor er slet ikke syg, det passer jo ikke det du siger far ”. Dertil havde faderen intet svar, for min søn ramte ham jo med sandheden, nu var Tais jo blevet 8 år i mellem tiden og stor nok til at regne ud hvad der foregik. Tais fandt ret hurtigt ud af , at det var hans far , der ikke ville have at Tais skulle se mig moderen.

At hans far havde fyldt ham med løgne i de to år, mor havde været væk, for mor fejlede i hvert fald ikke noget, det kunne Tais selv se med egne øjne når han var sammen med mig. Det takker jeg gud for.

Men senere skulle Tais far blive ved at lyve, jeg håber bar gud så og hørte det hele og gud en dag kan give faderen den retfærdighed han fortjener. For hvad stiller gud op med sådan en løgner som faderen ?

Det kan jeg heldigvis overlade til gud og så skynde mig at tilgive faderen, så jeg ikke bærer nogen bitterhed i mig. Måske sidder der nogen og tænker, hvordan kan du tilgive din ekskæreste, der udsatte din søn og dig for alle de onde ting ?
Dertil kan jeg blot svare, det var heller ikke nemt, men jeg indså, at for jeg selv kunne få det bedre måtte jeg tilgive Tais far.

Fra august 2010 gik Tais og mit liv langsomt fremad igen, nu skulle Tais ikke mere være væk fra mig og vi kunne ses med jævne mellemrum. Vi kunne ikke ses i så lang tid som jeg ønskede det, men vi kunne ses. Det var trods alt bedre end ingenting.

Nu var vi som sagt nået til 2013, samværet blev fordoblet til 3 timer om måneden, fordelt til at begynde med hver 14 dag i 1½ time ad gangen. Det var vel at mærke medens sagen verserede i retten. Da sagen i sommeren 2013 havnede i Statsforvaltningen kom der for alvor rod i tingene. Ligesom det gik så godt fremad og jeg kunne takke gud for at se min søn hver 14 dag, skulle der igen ske noget ondt. Det var som vi skulle 7 år igennem der var onde, ville de 7 gode år så komme bagefter ?

Statsforvaltningen kunne ikke finde ud af det, dommeren havde vedtaget jeg skulle se Tais 3 timer hver måned. Nu dik der 5 måneder hvor der intet skete og vi fik ikke fastsat nyt samvær, da sagen kom til Statsforvaltningen. Da vi så endelig i efteråret fik samvær, var det pludselig kun 1½ time om måneden, stik imod hvad dommeren havde bestemt. Derudover fik vi en rigtig modbydelig dame til at stå for samværet, som nedstirrede os og skrev ondt om os i referaterne, værre kunne det næsten ikke blive. De samværspædagoger vi havde haft i 2012 og første halvdel af 2013, var alle flinke og skrev kun positivt om os.

Heldigvis blev det bestemt fra 2014 at vi igen skulle have 3 timer om måneden og samværet blev flyttet til et sted i København, hvor der kun var søde mennesker. Det var sandeligt godt. Tak gud for det. Endelig gik det fremad igen.

Jeg er taknemmelig overfor gud, at han har hjulpet os. Livet går jo op og ned for os alle. Ingen ved hvad dagen i morgen bringer. Det kommer for mit livs vedkommende i bølger, lykken kommer og går. Guds nåde er stor , fordi han har skænket mig fire børn. Desuden har jeg i mange år været alene med mine børn, dog skulle det ikke altid blive ved at være sådan. Da jeg i 2011 mødte min nuværende mand, det viste sig, at der fandtes en flink mand til mig, som tror på gud som mig og som er god imod både mig og mine børn. Dette er dog et lille sidespring, da denne bog handler om min yngste søn Tais liv, det ahn har været igennem, det som også har påvirket mit liv, da jeg er hans mor.

I tiden hvor jeg måtte undvære Tais , min yngste søn , kunne jeg holde mig oprejst fordi jeg ikke var alene. Mine 3 ældste børn var hos mig hele tiden fra 2007, hvor Tais blev hentet af sin far og faderens kæreste uden varsel og ikke helt efter bogen. I de første år efter det blev vi meget tættere knyttet til hinanden , mine tre ældste børn og jeg, for vi havde kun hinanden. Vi savnede alle Tais, men vi havde hinandens selskab, det gjorde at vi kunne klare det. Dog tænker jeg på hvor hårdt det må have været for Tais at miste kontakten til os lige pludseligt og så have en far, der ikke ville have , at Tais skulle se mig, hans mor. Det er helt umenneskeligt at tænke på hvor alene Tais må have følt sig, det gør også ondt på mig. Selv om jeg hver eneste dag bad gud om at Tais måtte komme hjem, så skete der intet dengang. Vi elsker Tais så højt, at han må have mærket vi savnede ham, for jeg mærkede helt klart at Tais savnede os.

Tais var havnet et sted hos sin far, som ikke havde ønsket at få et barn og jeg vidste ikke om faderen overhovedct elskede Tais, jeg tror det næppe. Desuden var Tais i starten også sammen med en for ham lidt fremmed kvinde, nemlig faderens kæreste, en kvinde der ikke var hans mor, en kvinde der ikke elskede ham. For mig som mor er kærligheden til Tais ubetinget og til mine store brøn , der har altid været den moderkærlighed og den forsvinder aldrig. Denne kvinde, var jo kommet ind i faderens liv, da Tais boede hos mig, det var således faderen hun havde valgt og ikke Tais. Mht, Tais havde hende ønske været at få Tais væk fra mig og hen til faderen, dette mærkede jeg dog allerede inden de hentede Tais i 2007. Faktisk var denne kvinde kommet ind i faderens liv og havde været med til at ødelægge Tais liv, mit liv og til dels også Tais søskendes liv i hendes måde at tage Tais væk fra os på. Der findes egoistiske mennesker i denne verden, hvor man ikke helt forstår deres tankegang, hvad glæde skulle hun kunne få af at såre andre ? Disse andre er jo så Tais og mig . Hvilket ord er der for mennesker der finder fryd i at andre lider.. for sådan var Tais far, han elskede når jeg blev ked af det.

Det punkt han kunne ramme mig på , hvor jeg var sårbar, var mit barn. Han nægtede hårdnakket Tais i at se mig, det fandt faderen så åbenbart glæde i. I mange år var jeg vred på faderen, men denne vrede skadede kun mig selv, så jeg måtte til sidst tilgive ham, for selv at få det bedre. Han var jo en stakkel, en ynkelig person, at han ikke havde noget empati for Tais og det måtte jo på et tidspunkt falde tilbage på ham selv, den måde han behandlede Tais på. Når Tais gang på gang havde spurgt ham, må jeg se min mor og svaret fra faderen hver gang var nej, måtte Tais jo til sidst selv tænke sit om faderen.

De mennesker jeg har mødt på min vej har nogle gange spurgt, er Tais far fra en anden kultur end vores, et andet land, dertil svarede jeg, nej han er dansker. Måske troede de ikke at en dansk far kunne finde på at være sådan , at nægte et barn at se sin mor. Skulle det i deres øjne kun være udlændinge der kunne bortføre et barn ? De vidste jo ikke bedre, men danskere kan sagtens værre modbydelige mennesker, desværre. Jeg mener mange udlændinge er mere varme og åbenhjertede end os, der kunne vi lære noget os danskere.

Det glæder mig at Tais er at ønskebarn for mig, derfor er han elsket af mig, hans mor. Det er vigtigt for ham. Det er det et barn har brug for her i livet at føle sig elsket, det betyder meget for barnet også når det en dag bliver en voksen. Så de 5 år jeg har givet Tais al min kærlighed og omsorg da han boede hos mig er gode år for ham. De har givet han en god start i livet og i dag elsker jeg jo stadig Tais lige så højt, selv om vi er forhindret af faderen i at ses så meget som vi begge to gerne vil. Faderen kan jo ikke opnå ved den måde han holder Tais væk fra mig på, at Tais og jeg skulle holde op med at elske hinanden, som mor og søn , for tvært imod gør savnet os mere forbundne , vi ønsker jo at være sammen, så det har modsat effekt i forhold til faderens plan. Hans plan er gået i vasken , takket være gud, takket være guds plan overgår alt andet. Guds plan var at Tais skulle være sammen med sin mor, så derfor lod gud mig føde Tais . For faderen valgte jo selv at han ikke ville være sammen med Tais efter fødslen.

Hvis en af mine andre børn stod i Tais sted, havde jeg gjort det samme for det barn. Det er helt sikkert. Deres far har sammen med mig ønsket at få mine tre store børn og det er en hel anden historie, som jeg ikke vil komme ind på her. Det eneste jeg vil sige om mine børn er at jeg elsker alle børnene lige højt. Mit håb er for Tais fremtid at han får et godt liv med meget mere kontakt til mig og hans søskende, at gud må velsigne Tais med et langt bedre liv der venter ham, end det han har lige nu. For gud vil ikke tillade et menneske som Tais far, at ødelægge Tais liv på den måde, gud vil rette op på det, gøre Tais liv meget bedre. Det er min tro, mit håb og min optimisme , der gør at jeg kan se lyset i mørket.

Et lille bibelcitat på dette sted ; " Guds fred som overgår al forstand, vil bevare jeres hjerter og tanker i Kristus Jesus."
Filipperbrevet 4 vers.7

Det at Tais har fået masser af kærlighed , omsorg , tryghed , tæt kontakt til sine søskende og til mig, hans mor, det tror jeg altid vil hjælpe ham.
Selvfølgelig er mit ønske enslydende med Tais ønske, at han kommer herhjem og bo hos mig igen.
Der er intet jeg ønsker mig mere end at Tais kommer hjem og det ved gud godt.
Jeg tror de mødre som har oplevet , at deres barn blev bortført fra dem, uanset hvor barnet er blevet bortført til, de har det samme ønske, at få deres barn tilbage. Det kan alle godt forstå , det er ret indlysende.

Dette fører så til at jeg må være udholdende i min bøn ; Bibelhenvisningen lyder; "Når I søger mig af hele jeres hjerte, er jeg at finde , siger Herren. Jeg vender jeres skæbne og samler jer fra alle de folk og alle de steder, jeg fordrev jer til, siger Herren; jeg fører jer tilbage til dette sted, som jeg førte jer bort fra." Jeremias bog 29, vers.13-14.

Dog er det alligevel nok kun de mødre og børn der selv har prøvet det samme som Tais og jeg, der kan indleve sig i de følelser af savn, afmagt og sorg der følger med den ubehagelige oplevelse vi har gennemlevet. Teksten herover siger der er håb for os , at alt bliver godt igen. Det lover gud os.

Hvad jeg som menneske og som mor har gjort for at hjælpe min søn Tais, det er næsten umuligt at remse op, da det i sig selv vil fylde en hel bog, men noget af det kan jeg fortælle om her.

Tais var blevet hentet af faderen og faderens kæreste i Rønne på Bornholm, efter de havde påstået overfor en kommunedame i Åbenrå kommune, samt politiet i Rønne , at jeg var så syg jeg skulle på et hospital i min ferie med Tais, hvilket var usandt. Det var nemlig samme dag lægen i Rønne tilså mig, at sandheden kom frem om mig, da lægen sagde jeg var rask og fri til at gå. Da måtte de to betjente , der havde troet på faderens påstand, erkende at de måtte slippe taget i mine arme i lægens konsultation og lade mig gå, da jeg intet fejlede. Faderens plan var på lige dette punkt ikke lykkedes. Jeg kom ikke på noget hospital den dag, fordi man sender ikke en rask person på et hospital.

Sandheden er lidt svær at løbe fra , når den er så rungende indlysende og klar. Inden dette fandt sted havde faderen og faderens kæreste personligt hentet Tais og var væk med Tais over alle bjerge. Det burde have været foregået i en omvendt række følge, lægen burde have tilset mig først medens Tais var hos mig, for så kunne faderen jo ikke tage Tais med sig, når det var bevist, at jeg var rask. Det gik dog ikke lovligt til, det faderen havde gang i. Faderen har et pokerfjæs og spiller rigtig flink, det får fremmede mennesker til at tro han taler sandt, selv om han står og taler direkte usandt. Det er ikke nemt for fremmede at gennemskue faderen, det er faktisk næsten umuligt.

Da jeg kom alene ud fra lægens konsultation i Rønne, tog jeg tilbage til det sted jeg sidst så Tais, hvor vi begge to havde været, på faderens foranledning. Hvor vi havde oplevet vores livs mareridt. Jeg spurgte betjentene ved Rønne politi, hvor er min søn Tais ? De grinede bare og sagde, det vidste de da ikke.

De havde troet på faderens forklaring, men det skulle vise sig, der var sket en stor fejl. De havde overgivet Tais til faderen på baggrund af en usand forklaring fra faderens side.

Jeg ringede til Tais og min bopælskommune, Sønderborg kommune. De sagde på telefonen, der må være sket en fejl, da Åbenrå kommune ikke er handle kommune for Tais og mig, når vi bor i Sønderborg. De mente det var noget yderst mærkeligt noget der var sket i Rønne den dag. De henviste mig til at melde det til Sønderborg politi.

Da jeg kom hjem fra Bornholm, meldte jeg det på skrift til Sønderborg politi , det var dagen efter det var sket. Samme dag var jeg hos egen læge, der også konstaterede, at jeg var rask, lægen sagde jeg måtte finde en dygtig advokat , til at få min søn tilbage.
Lægen noterede i min journal , at jeg var rask, dette mente jeg selv at kunne bruge til dokumentation, når jeg skulle have min søn Tais tilbage.

En advokat skrev til Ankestyrelsen, at Åbenrå kommune havde lavet en fejl, idet de havde ladet faderen hente Tais hos mig.
Det skulle vise sig vi fik medhold i klagen 2 måneder senere, at Ankestyrelsen sagde der er sket en fejl , Åbenrå kommunes afgørelse blev gjort ugyldig. Dermed troede jeg selv det betød, at jeg ville få Tais hjem, at de ville rette op på den fejl der var sket. Det var jo en alvorlig fejl der var sket i Tais liv, at faderen havde hentet ham hos mig, som var eneindehaver af forældremyndigheden over Tais.

Derfor blev jeg ved at melde det til Sønderborg politi, at min søn Tais på 5 år var blevet bortført fra mig. Jeg meldte det skriftligt. På det tidspunkt sagde politiet til mig, de mente det var en strid om samvær, så de videre sendte mig til Statsforvaltningen og Sønderborg kommune. Jeg gik til begge steder og fortalte på skrift det , der var sket med Tais. I sønderborg kommune skrev en socialrådgiver ved navn Jannie Mathiesen i juli 2007 en kronologisk oversigt over Tais liv. Et notat. Da jeg igen kom tilbage til Sønderborg kommmune blev jeg henvist til en ny socialrådgiver, som sagde, at jeg da selv kunne hente min søn hos faderen.

Det forsøgte jeg på ganske få dage efter, hvor jeg havde skrevet til faderen jeg ville hente Tais, men da faderen var voldelig, gik han til angreb på mig i sin opgang, så jeg fik ikke Tais udleveret. Skønt en underbo , en flink ældre dame, havde ment, det kunne vi da tale om, for hun troede faderen var flink, men hun blev klogere.

Jeg skrev til Fogedretten, om udlevering af Tais, de henviste mig til at vente på der kom et nyt retsmøde, for at få en afklaring, de ville ikke umiddelbart hjælpe Tais og mig heller.

Statsforvaltningen sagde jeg kunne søge om samvær, det gjorde jeg så, men juristen opdagede , at Tais og jeg boede i Sønderborg kommune, så han sendte sagen til Statsforvaltningen i Syddanmark. Den Statsforvaltning sendte så det hele retur til København, da de troede Åbenrå kommunes afgørelse var gyldig. Sådan blev vi sendt rundt i systemet, ingen ville rigtig have med det her at gøre.

Jeg gik til mødrehjælpen i København, de henviste mig til at få hjælp ved en advokat. Det var som om jeg løb panden imod en mur alle steder. Et sted jeg kom, hvor jeg skulle få noget rådgivning, sagde en dame bare " dette her er virkelig op ad bakke var...". Det var jo ingen hjælp.

Jeg tabte mig 10 kg på de første 14 dage, jeg glemte at spise , så travlt havde jeg med at hjælpe Tais.

De to måneder der gik fra juli, hvor Tais blev hentet hos mig til Anekstyrelsens afgørelse kom, var de værste måneder, den uvished der var om jeg nogensinde skulle se min søn igen, at jeg ikke kunne komme i kontakt med ham, selv om jeg ringede og skrev kort. Jeg vidste ikke om han var på faderens adresse eller på faderens kærestes adresse, jeg vidste ikke hvilken børnehave han var i.

Ingen kunne hjælpe mig, men jeg var fast besluttet på at kæmpe videre til jeg fik min søn tilbage. Der skulle gå 5 måneder, hvor jeg slet ikke så Tais. Det må have været et mareridt for Tais også. Han vidste ikke hvor jeg var og om jeg levede, hans fader fyldte ham med usandheder, Tais kunne heller ikke komme i kontakt med mig.

En dag talte jeg med nogle børn i kvarteret hvor faderen skjulte Tais, jeg viste dem et foto af min søn. Børnene sagde de havde set en mand holde Tais hårdt i armen, Tais havde grædt og spurgt efter sin mor. Dette gjorde ondt i mit moderhjerte. Det kunne jeg bare ikke leve med.

Jeg gik videre til Børns vilkår, til Red barnet, til aviser og til TV bygninger, talte med folk om nogen kunne hjælpe mig, om det kunne komme i avisen eller på TV. Der kom ikke rigtigt noget ud af det, desværre. Ekstra bladet kom ud i mit hjem, var begyndt at tage foto s og Interviewe mig, de spurgte hele tiden advokaten om der var sket noget nyt, et gennembrud i sagen, men det hele stod stille. Der skulle gå en del år før det kom i en avis, først i 2011, lykkedes det for mig at få en artikel i Furesø Avis, så lokalt kom man til at kende historien, men det hjalp heller ikke rigtigt Tais, desværre. Dog kunne jeg gemme avisudklippet og en dag vise det til Tais når han kom hjem.

Jeg kæmpede videre , hvert år via Statsforvaltning og kørte retssager, for at hjælpe Tais. Tilsidst havde jeg brugt hele min opsparing og hele min pensionsopsparing på at befri min søn , men det gik kun alt for langsomt fremad i små skridt.

Ind i mellem kunne jeg godt få en dag , hvor jeg var meget ked af det, jeg prøvede så vidt muligt kun at græde når mine store børn ikke var hjemme, men de kunne ikke undgå at bemærke, at det her gik deres mor på. Heldigvis kunne de se mig på benene igen , løfte mit hoved igen og kæmpe videre, hvor den energi og det gå på mod kom fra, det ved jeg ikke, men det at jeg havde troen på noget godt i dette liv, troen på gud, det gav mig overskud. Det at jeg havde mine store børn omkring mig var en gave, der gjorde livet godt, på trods af det svære at leve med savnet af Tais hele tiden.

Det at tænke på de mennesker der havde der værre end mig, sult, nød og krig i verden, fik mig også til at se tingene i et andet perspektiv. Trods alt var jeg i live og Tais i live og mine store børn i live, selv om vi alle var mærket af det der var sket.

Gud udsætter os ikke for større belastninger end vi kan klare.

Dog havde jeg ofte lyst til at sige til Gud, at nu måtte han godt gribe ind og hjælpe os, for nu var det altså nok.

DEL 5

Min farmor har haft en hel speciel betydning i mit liv og min opvækst. Derfor vil jeg gerne nævne
hende her, hun er der bare, hun har været som en mor for mig. Et tilflugtssted, et sted jeg kunne
komme til en åben favn, få et knus, føle mig velkommen uanset om jeg var glad eller ked af det.
Husker timerne vi sad foran hendes stuevindue og kiggede ud i hendes smukke have, vi kunne tale
om alt. Hun lærte mig også at drikke kaffe med fløde og sukker, som jeg elsker den dag i dag, selv
om jeg også længe har holdt af at drikke the.
Hun sagde som regel, "Mona " (det var jo mit pigenavn, da jeg var barn) , "kom Mona, nu går vi
ovenpå og sover, i morgen er alt bare godt igen, min pige." Hun smilede til mig, var den person jeg
følte mig tryg hos og følte mig elsket hos, hun var ligesom en klippe man kunne læne sig op ad.
Min far har til dels også været lige som hende, forskellen var bare hun var en kvinde , som jeg
kunne spejle mig i, se op til og tænke, en dag, når jeg bliver voksen, vil jeg være som hende. Et
positivt forbillede for andre, en god mor, en god bedstemor og oldemor. Hun var både skrap og sød i
en person, det kunne jeg godt lide.
Det allerbedste ved hende, var hun fortalte mig, at man kunne bede til gud, så blev alt godt igen.
Den medmenneskelighed og glæde hun udstrålede, viste tydeligt hun var et godt menneske, som
tror på gud. Det var nok det bedste ved hende, hun fik barnetroen ind i mit liv på en rigtig god
måde.
Jeg tænker på hvad min farmor sagde, når hun var på ferie med sin veninde, der var mega rig. Min
farmor fortalte veninden og de andre damer, de sad og pralede med deres fine smykker, ringe og
halskæder – mens hun, min farmor bare sagde til dem : " Mit guld er mine børn og børnebørn og
oldebørn". Ja for børn og børnebørn og oldebørn havde hun mange af, med hendes 5 børn, hvor
min far var en af dem og jeg og mine søskende bare var en lille del af alle hendes børnebørn, som
alle elskede hende.
Min farmor fortalte når hun havde sagt det, plejede det at lukke munden på de rige damer, for de
vidste ikke hvad de skulle sige. Min farmor var ikke rig på materielle ting, men rig på kærlighed.

Det er netop en dag de ting jeg beundrer ved min farmor, at hun har været en god mor, det vil jeg
også være. For allerede nu er mine børn det bedste i mit liv , det er min eneste rigdom og min
største glæde i dette liv, det er børnene. Det vil det altid være. Jeg takker gud for at have gjort mig
så rig og så velsignet med fire børn, at jeg kan give min kærlighed til mine børn. Det at kunne give
er en større glæde endnu end at modtage, det der er givet godt ud af kærlighed og omsorg for sine
børn, det kommer altid godt tilbage.

Så hvorfor have et karriere job, der ikke gør en lykkelig, når man kan have børn, der gør en
lykkelig. For mig er arbejdet noget , der skal til for at få mad på bordet og betale sin husleje,
selvfølgelig er det sjovest, når det er et job man synes om, men jeg har også haft job jeg ikke synes
om. De kommer ikke og takker en , den dag man skal på pension, men børnene de takker mig, fordi
jeg har gjort mit bedste for at være en god og kærlig og omsorgsfuld mor for dem.
Alle mødre laver fejl, det gør jeg skam osse, det ved jeg, men jeg vil bruge al min energi på at gøre
det bedst muligt alligevel.

Gud har ment jeg var god til den opgave siden han har betroet mig, at meningen med mit liv på
jorden , er at jeg skal være en god mor. Måske synes du jeg er mærkelig, når jeg siger gud har talt

til mig, men jeg har vidst dette i mange år, det er bare noget jeg ved med sikkerhed. Gud kan også tale til dig, det kan være en stærk fornemmelse, en god følelse af noget er rigtigt, noget giver mening i dit liv.

Sjovt nok sagde min farmor også altid, dengang jeg fik børn, at jeg skulle rejse mig op for børnene. Med det mener hun, at selv om jeg var usikker, eller ked af noget, skulle jeg være en god mor for mine børn altid og være stærk . Lige nu sidder hun nok oppe i himlen og følger med i mit liv, som hun gjorde da hun levede på jorden , min farmor. Hun vidste altid hvor jeg var og hvad jeg lavede, hun var bekymret for om jeg havde det godt. Sådan kan min far også have det, det med at bekymre sig for mig og det har jeg også selv for mine børn.

Jeg arbejder på at give slip på det med at være bekymret og så lægge det i guds hænder.

Det vil sige ; " kast dine bekymringer på gud, Herren og du vil føle dig lettet fra byrden du har båret på dine skuldre. "

For mig er det lettere sagt end gjort, når jeg tænker på hvor bekymret jeg har været for om børnene har det godt alle sammen. Det gælder ikke kun Tais, selv om jeg i de sidste par år har talt meget om Tais, så tænker jeg faktisk lige så meget på mine store børn også. Forskellen er bare mine store børn har været hos mig hele tiden, det har Tais jo ikke.

Gud er der hele tiden, du kan gå ind i et værelse og tale højt til gud eller tale stille til gud eller dine tanker kan han læse, du kan bede en bøn om hvad du ønsker for dit liv og Gud vil høre dig. Hav hjertet med i det. Stilhed er faktisk meget sundt for sjælen.

Vi lever i dag i en verden med masser af larm, stilhed er en mangelvare i hvert fald her i Københavns området. Jeg har brug for stilhed, jeg har brug for at se ud på træerne i haven, lytte til vinden, lytte til fuglene og se solen, både når den går op og når den går ned. Mobiltelefoner er noget der gør stilheden afbrydes, i s toget , i bussen, i supermarkedet, alle steder. De mennesker der bruger hele deres dag på at stirre ned på deres telefon, de går glip af det virkelige liv mener jeg. De burde leve livet i stedet.

Gud har været der i de lyse stunder af mit liv og i de svære tider, hele tiden er Gud der , det er bare først nu her i de seneste år det rigtigt er gået op for mig, for tidligere har jeg haft perioder, hvor jeg tvivlede på gud.

Dette er helt almindeligt, det tror jeg mange kender til.

Gud kender os ud og ind , han kender hele vores liv på forhånd , han ved hvad der sker nu, han er med os, han ved hvad der sker fremover i vores liv og der er gud også med os. Fantastisk , synes jeg.

Jeg har sagt til mine børn, at de selv kan vælge om de vil tro på gud eller ej. Børnene har selvfølgelig mærket ret tydeligt her de sidste år i hvert fald, at deres mor er begyndt at tale om gud, at man kan bede til gud. Den fred jeg har fået i mit hjerte af at lukke gud ind er ubeskrivelig god for mig, det stråler ud af mig, det giver mig overskud i hverdagen. Det jeg har gennemlevet i forhold til at miste Tais i en periode , det har gjort mig stærk, men uden gud havde jeg ikke klaret det.

Guds fred der overgår al menneskelig forstand, det er mere værd end guld. At kende til at have valgt bevidst for sig selv, at jeg vil leve mit liv med guds fred i mit hjerte, den gud der giver mig styrke hver eneste dag, det er ubeskriveligt den forskel det har gjort i mit liv. Det at jeg kan klare alt, på trods af megen modgang og mennesker, der har været onde imod mig.

Forskellen fra dag jeg var barn til nu, er at dengang troede jeg kun på Gud. I dag tror jeg på Gud, Jesus og Helligånden. Det er noget jeg har lært af at komme i kirken i kulturcenteret og ved at læse i min bibel, ved at tale med andre kristne mennesker både helt unge mennesker, der har fundet gud og ældre mennesker der måske lige har fundet gud eller har kendt ham altid. Desuden taler præsterne i den almindelige folkekirke jo også om Jesus. Det hele hænger jo sammen.

Nu hvor vi er inde på det, vil jeg meget gerne sige, jeg respekterer muslimer, jeg mener vi skal kunne leve fredeligt sammen her i Danmark og respektere hinandens forskellige tro. Jeg respekterer også mennesker der er katolikker, dem der tror på andre reliogioner fra f.eks Indien osv.
Det er jo ikke godt at mennesker kommer i krig med hinanden bare fordi de tror på noget forskelligt. Jeg ved at folkekirkepræster også beder for fred i verden, det synes jeg er godt. Som ung studerende var jeg selv med i en fredsbevægelse. Vi har brug for fred i verden.

Derfor vil jeg gerne sige til gud, hjælp de mennesker der ikke har det daglige brød, hjælp dem der ikke har tag over deres hoved og hjælp dem der lider under de lever et sted med krig, naturkatastrofer, dem der lever som flygtninge, de der bliver udsat for vold eller tortur, hjælp dem gud. Kære gud hjælp specielt alle børn der lider nød, hjælp børn der udsættes for overgreb af fædre eller børn der lever hos voldelige fædre, alkoholiserede fædre , narkomaner, hjælp de børn hjem til deres mor i jesu navn amen, for de skal ikke bo hos sådan en far.
Så er der nogle der vil sige til mig, ja men hvad med de børn som har en mor der er alkoholiker, da siger jeg bare, at jeg håber de så har en god far, en god farmor el. lign.
Jeg mener ikke alle fædre er dårlige fædre, tro mig, jeg ved det findes gode fædre, mange af dem endda. Som mor kan jeg dog have lov at mene, det er bedst for børnene at bo hos deres mor. Det mener jeg.

Tænk på at når en kvinde møder en mand, de bliver forelskede, manden elsker kvinden og kvinden elsker manden. I det øjeblik de får et barn sammen, ændrer alt sig. Nu er det således i langt de fleste tilfælde, at moderen elsker barnet højere end hun elsker sin mand. Manden derimod elsker stadig kvinden, manden kan have det svært ved at moderen sætter barnet højere end ham.

Det er netop det faktum at manden pludselig føler sig overset i forhold til kvindens opmærksomhed kun er rettet på børnene hele tiden, der kan få selv en god mand til at reagere med vold. Det er en form for afmagt manden føler, når han bliver overset af kvinden og mister den interesse kvinden havde for manden, inden de fik et barn sammen. Dette gør bl.a. at der er så mange skilsmisser i Danmark, desværre.

Selvfølgelig er der andre faktorer der spiller ind, voldelige mænd har ofte selv haft en far der slog dem, de er jo synd for dem. Det mønster skulle helst brydes, så mænd i stedet sagde, jeg vil ikke ligne min egen far, jeg vil ikke slå mine børn fordi min far slog mig. Det kræver manden bliver bevist om det.
Der burde være bedre hjælp at få til familier der døjer med dette, således at især børnene fik hjælp og ikke kun moderen. Faderen får ikke hjælpen fordi han ikke vil erkende han er voldelig.

Nu taler jeg kun om voldelige fædre, vel vidende som sagt der heldigvis findes mange fædre der ikke slår deres barn. Det er jo godt.

Men jeg mener stadig hvis et barn har to gode forældre, der er præcis lige gode, er det bedste for barnet at bo hos moderen, idet hun elsker børnene som regel højere end sin mand. Manden elsker moderen til børnene højere end børnene. Det er utroligt vigtigt for en mand at have en kvinde i sit liv, lige så vigtigt er det for de fleste kvinder at have børn i deres liv.

Der findes kvinder der kun går op i karriere, dem findes der nogle af, men de fleste kvinder vil gerne være mor. Jeg er vel vidende om at en kvinde bevidst kan vælge børn fra, det er rigtigt, de findes også de kvinder.

Det er måske lidt gammeldags , men det der betyder meget for en mands selvværd er også ofte hans job. Han ville sjældent vælge at gå hjemme et helt liv med sine børn. Selv om det er populært med fædreorlov, tror jeg ikke manden vil miste hans job, som er hans idenditet.

Afslutning DEL 6

Citat fra Bogen " ALTID ELSKET" , skrevet af Kristina Reftel.

s.57 *"Der hvor der findes stor kærlighed, sker der altid et mirakel."*

WILLA CARTER.

Det min farmor viste mig i min barndom og teenageårene og voksenlivet, var at jeg var elsket af hende og af gud, desuden fortalte hun mif ofte at min far elskede mig højt.
Det er faktisk det allervigtigste i et barns liv at føle sig elsket af sin mor.
Det er dog efter de basale behov i Maslovs pyramiden er opfyldt, at barnet har mad og at det lever med tag over hovedet og at der ikke er krig i det landet barnet lever i, for uden mad og vand at drikke vil et barn ikke kunne overleve selv hvis barnets moder elskede det nok så højt. Hvis der var krig i det land barnet levede i kunne barnet dø i krigen, selv om moderen elsker barnet. Hvis barnet ikke havde et tag over sit hoved og boede i et meget koldt land som f.eks Grønland, ville barnet dø af kulde selv om moderen elsker det.

Men da gud også elsker barnet, vil gud beskytte barnet imod alt ondt og gud kan passe på os alle, både børn og voksne, for vi voksne kan skam også blive bange, da er det jeg personligt er glad for jeg tror på gud, jesus og helligånden for jeg tænker på hvor forfærdeligt de mennesker må have det i denne verden, altså dem der har mistet troen på gud eller aldrig har hørt om gud medens de var børn.

Denne bog vil jeg nu runde af og overlade dig til en åben slutning kære læser.

Din eneste trøst er, hvis du vælger at læse BOG 2, så bliver situationen bedre for Tais og dermed også for mig, der sker nemlig en positiv drejning i august 2014, fra det 3 timers samvær Tais og jeg har d.16 august 2014.

Det bliver et vendepunkt i vores liv og vi kommer på en vej med bedre tider.

Denne bog løber primært over de 7 år min elskede søn Tais var borte og væk fra os alle, de år var som et mareridt for Tais og for mig moderen.

Mange personer på vores vej ville gerne have hjulpet os, hvis de kunne det. Det er helt sikkert.
En af dem vi mødte var en præst, der bad gud om at hjælpe Tais, ham mødte vi ca. sidst i august for første gang, jeg husker ikke lige datoen, men det er ligemeget, vi mødte ham ved en gudstjeneste.

For første gang oplever jeg faktisk at gud har hørt den konkrete bøn præsten bad for Tais , at det hjalp Tais. Da Tais liv efter den bøn forvandlede sig til det bedre.

På alle områder skete der fra en dag til en anden dag, gode ting, som gjorde at Tais fik sin frihed tilbage. Hvordan det videre vil gå fra nu og fremover vil du høre om i min nye bog, BOG 2 "GIV MIN SØN HANS FRIHED TILBAGE." Denne bog forventer jeg , at den bliver mere som en dagbog.
Der vil jeg huske at udvælge nogle dage og fortælle om de positive ting der sker.

Salme 1, Bibelen ; vers 1-4.

**"Lykkelig er den der ikke vandrer efter ugudeliges råd, som ikke går på synderes vej, og ikke sidder blandt spottere, men har sin glæde ved Herrens lov og grunder på hans lov dag og nat.
Han er som et træ, der er plantet ved bækken, der bærer frugt til rette tid, og dets blade visner ikke. Alt hvad han gør lykkes for ham."**

Grunden til jeg vælger netop dette Bibelsted, er at jeg har brug for at minde mig selv på, at jeg skal stole på gud og ikke have tillid til mennesker. Dette netop fordi i de 7 år Tais var væk, mødte jeg en veninde der bad mig prøve at tale med en Clairvoyant. Dette skulle jeg ikke have gjort, det var min egen fejl. Jeg betalte 500 kr for at få at vide det jeg gerne ville høre, men i dag ved jeg det var svindel og humbuk. For stol aldrig på alternative, Clairvoyante, håndlæsere eller astrologer, der er intet af det der duer kan jeg fortælle dig læser. Find gud , hvis du selv vil, find jesus, træf et valg om du vil stole på gud har en god plan for dit liv og gud passer på dig. Selv om du kommer i vanskeligheder er gud der altid ved din side.

Derfor kære gud tilgiv mig jeg var så dum at stole på en Clairvoyant, jeg går aldrig derhen mere. Nu vil jeg kaste mine byrder på dig gud og bede dig om hjælp til Tais bliver befriet fra den kvinde der frihedsberøver ham og at Tais far nu giver slip på Tais, så han får sit weekendsamvær eller kommer helt hjem at bo, for Tais har sagt det han vil, han vil hjem til mig og ingen i denne verden kan stoppe ham mere nu hvor han er 12 år. De kan godt prøve, men nu er det kun et spørgsmål om tid, inden Tais pakker sin taske og forlader faderen og kvinden der bortførte ham for 7 år siden, for Statsforvaltningen har i 7 år ikke villet lytte til Tais og faderen har talt usandt og hævdet jeg var syg og kvinden der bortførte Tais, hende hader Tais så meget så I tror det er løgn.

Et lille barn på 5 år kan intet gøre hvis det bliver bortført, men et stort barn på 12, 13,14,15,16,17 og 18 år kan sagtens gøre noget. Der skal I ikke tage fejl, når Tais vil noget, ja så skal det bliev sådan. Tais og jeg er 100 procent enige og vi vil det samme. Statsforvaltningen kan godt blive ved at udsætte Tais for et overvåget samvær, men gud vil åbne en ny dør for Tais ::::::

Døren til frihed, døren som ingen kan lukke når gud først har åbnet den og det er vidunderligt at tænke på det vil ske før eller siden, måske vil døren i starten blive åbnet en lille bitte smule og så senere lidt mere og så endnu senere helt.

Men der er ingen vej tilbage , alle de onde mennesker i Statsforvaltningen og Åbenrå kommune vil falde til jorden, man vil tale om hvordan de i 7 år svigtede Tais når denne bog først kommer i de rette hænder og det sørger jeg for at den gør.

Lad mig sige det sådan denne bog giver jeg gratis til de få mennesker jeg har fuld tillid til.

De mennesker som har udsat mig for vold og trusler har jeg ikke nogen form for tillid til, men gud vil beskytte mig, således at bogen ikke havner hos en af dem, der var onde imod mig og mine børn.

Skulle disse onde voldsmænd høre om bogen, vil de personer jeg giver bogen til nægte at lade dem læse bogen. Min ældste datter og min kæreste Christian er 2 personer som jeg stoler på 100 procent som får bogen gratis og de vil ikke give bogen til nogen uden min tilladelse, det er jeg sikker på, for jeg elsker min datter højt, lige så højt som hendes søstre og hendes to brødre. Min kæreste ville aldrig give denne bog til min eksmand eller min ekskæreste som er voldelige og har truet mig på livet, aldrig og det vil min datter heller ikke, for hun elsker sin mor så højt og ingen ønsker at jeg igen skal få trusler fra min eksmand som i juni 2011 ,da jeg fik en artikel om Tais i Fureso Avis og jeg så sik trusler fra min eksmand. Derfor kommer denne bog heller ikke ud til alle i Danmark for jeg skal ikke have nogen form for trusler mere. Min ekskæreste Tais far truede mig på livet fra 11 feb.2005 til 2012, da politiet skrev i en rapport , som han så, at hvis de dødstrusler skete bare en gang til ville han få en straf. Så stoppede han. Min eksmand blev meldt for truslen på mit liv efter skilsmissen, men politiet gav ham ingen straf desværre. For havde politiet taget det alvorligt det der var sket var min eksmand også blevet sigtet for dødstruslen. Dog kan man så sige, at intet menneske må true et andet menneske på livet ifølge Bibelen, men hvad så med alle dem der ikke tror på gud, må de godt true andre mennesker på livet ? Desværre ser vi i Danmark en tendens til mødre og børn der bliver truet af fædre kun kan få tag over hovedet på et krisecenter og få mad, men at politiet ikke straffer den voldelige far. Dette kunne politikerne måske lave en ny lov om. Jeg mener at hvis børn og mødre er i fare i deres hjem hos en voldelig mand/far, skal politiet fjerne faderen fra hjemmet. Børnene og moderen skal ikke på et krisecenter , men blive i hjemmet. Den voldelige far skal i behandling hos en psykolog og tilbydes en lejlighed i en anden by, hvis han forsætter med truslerne imod moderen og barnet skal han i fængsel. De slipper fri for straf hver gang de voldelige fædre og de har gang på gang fået forældre myndighed over børnene på trods af de har slået børnene og moderen. Det er et samfund på vej mod USA lignende forhold, hvor mennesker er så voldelige at de skyder hinanden på gaden. Sådan et samfund ønsker jeg ikke her i Danmark... gør du det … kære politiker ?

Hvis du er imod vold mod kvinder og børn, må du ændre loven, så børn og mødre kan være trygge i deres eget hjem. Der er nok at tage fat på, der laves nemlig statistiker på krisecentrene i landet over hvor mange mødre og børn der er slået af den voldelige far. Men gør noget ved det, for at forhindre det kommer til vold. Løsningen er at børn skal bo hos moderen og kun have samvær med faderen, hvis han tager imod behandling. Fortsætter faderen med at true et barn og en moder efter de har forladt ham, vil han ikke tage imod frivillig hjælp er min mening at han skal have en straf... der kan mærkes. Han skal have en advarsel 1 gang og ikke som i mit og Tais tilfælde efter 7 års dødstrusler fik Tais far en advarsel fra politiet, at hvis han gentog truslerne imod mig og min søn ville han få en straf.

Det er for ringe vi skulle vente i 7 år på at få hjælp fra politiet, men selvfølgelig vil jeg gerne takke Gentofte politi for den rapport de skrev i 2012, som faderen fik set via de myndigheder jeg sendte politi rapporten til. For det var godt Tais far selv kunne læse rapporten og derved se sig selv i øjnene hvem han var fra 2005 til 2012, en voldelig far og ekskæreste var han. Det positive i dag er så at truslerne imod Tais og mit liv stoppede og jeg fornemmer han ikke slår sin 12 årige søn mere, men jeg ved jo han slog Tais fra Tais var 2 år i 2004 og stadig slog Tais i 2008, da han var 6 år, ellers ved jeg ikke om min søn er blevet slået i de år han var bortført fra mig. Det ved kun Tais selv og vor herre i himlen har set det selvfølgelig.

Jeg vil nu TAKKE GUD for at han var hos børnene og jeg i alle årene. Tak Fordi du ikke lader de dårlige år vare for evigt.
For efter 7 dårlige år fra 2007 til 2014, måtte det nu vende på dette tidspunkt, vores liv. Vi tager gerne de 7 gode år nu gud, tak fordi du vendte modgang til styrke og du bar os igennem smerten, savnet og sorgen i de 7 dårlige år. TAK GUD for du hørte min bøn om at bringe Tais i frihed og du også en dag vil høre den anden bøn om at jeg ønsker Tais kommer hjem. Hjem til mig hans mor i Farum i jesu navn AMEN. Tak gud for al bønhørelse. Jeg venter tålmodigt på tiden er inde til at du bringer Tais hjem til Farum, jeg håber det bliver inden julen 2014 gud. TAK.

Jeg vil nu med glæde se frem til de gode ting der venter os i de næste 7 år og huske at takke dig gud for alle gode gaver fra oven. Alt du velsigner mit liv med i øvrigt og mine børns liv med og Christians liv med, TAK GUD FOR AT DU ER MED OS ALLE.

HVER DAG LÆGGER JEG MIG SELV, MINE BØRN OG CHRISTIAN I DINE HÆNDER GUD OG DU VIL ALTID VÆRE MED OS ALLE I HELE VORES LIV. TAK GUD:

Din nåde er så ubeskrivelig stor og jeg har meget let til tårer, jeg bliver rørt af at høre om dine undere gud om dit skaberværk og om din kærlighed til os, dine børn. Nådegaverne du velsigner mit liv med for tiden rører mig dybt. Tak gud for at min store datter er hos mig.
Tak gud for at min store søn er hos mig. Tak gud for at min næstældste datter ved jeg elsker hende og tak fordi hun har det godt der hvor hun bor og at du beskytter hende gud. Tak for du passer på Tais hver eneste dag gud. Tak fordi du passer på mig og Tais tre søskende, som alle har mig som moder. Tais far har ikke villet samarbejde med mig i 7 år, men det er ikke hans skyld, det er Tais faders kæreste der har styret det hele og nægtet Tais samvær med mig. Tak gud fordi mine store børn siden 2009 kunne se Tais efter aftale med Tais far, Tais fars kæreste havde baret stillet det krav at jeg Tais moder ikke måtte deltage.
Jeg blev glad på mine fire børn s vegne at de kunne ses under overvågning af Tais fader og faderens kæreste, for alternativet var at Tais fars kæreste havde budt mine store børn samme vilkår hun har budt mig, nemlig 0 samvær. Et overvåget samvær er bedre end intet samvær. Men at foretrække er som det var da Tais boede hos os og alle mine 4 børn kunne være sammen i friheden her hos mig. Her blev de ikke overvåget af Tais fars kæreste, for hende kendte han jo ikke da Tais var lille. Gud ske tak og lov.

42

TILGIVELSE

Jeg tilgiver Tais far alt.

Jeg tilgiver Tais fars kæreste alt.

Jeg tilgiver min eksmand , mine store børns far alt.

Jeg tilgiver min moder at hun ikke ønskede at jeg skulle blive født.

Jeg tilgiver Åbenrå kommune deres fejl i Tais liv i juli 2007.

Jeg tilgiver Statsforvaltningen for alle deres mange svigt af Tais i årene 2007 til 2014.

Jeg tilgiver politiet i Rønne for det de udsatte Tais og mig for 12 juli 2007 af grusomheder.

Jeg tilgiver Københavns kommune for at have svigtet Tais.

Jeg tilgiver Sønderborg politi for at de var ligeglade med at Tais var blevet hentet ulovligt hos mig 12 juli 2007.

Jeg tilgiver Psykologer og dommere der troede på faderens forklaringer i retssalene fra 2007 til dags dato.

Jeg tilgiver alle der var onde imod os, sågar samværspædagogen der stod for samværet 9 dec.2013.

Der er vel ca . 100 myndighedspersoner der troede på faderens forklaring, som jeg alle for en må tilgive.

Det eneste jeg beder gud om er han kan tilgive mig alle mine fejl, så vil jeg forsøge at gøre mit bedste nu.

Derfor vil jeg bare nu takke gud for at han har sat gode mennesker omkring os nu, venlige rare mennesker der ikke er onde imod os, vi er beskyttet nu både Tais og jeg efter den præst bad for Tais og efter en missionær kvinde fra Mellemøsten , som jeg mødte i kirken i kulturcenteret om lørdagen da der var "Kvinde til Kvinde" eller Forvandling, som de kalder det.

Jeg beundrede denne kvinde, idet hun arbejdede i Israel og Libanon, som jeg forstod det på at hjælpe børn i nød. Hun fortalte disse børn om gud og om jesus og mange af disse børn på 11 til 12 år kom til at tro på gud. Fantastisk synes jeg. Hun lavede et TV program , som man vist nok kan se et sted på Internettet. Da jeg vil beskytte denne kvinde, vil jeg holde hende anonym.

Hun bad så efter mødet da hun kom hjem fra festen lørdag aften i kirken i kulturcenteret for Tais min søn på nu 12 år og for mig moderen, det eneste hun bad mig om var vores navne. I min bog nummer 2 " Giv min søn hans frihed tilbage , bog 2", som er fortsættelsen til denne bog, vil jeg fortælle hvorledes jeg har mærket en meget stor forskel fra før hun bad for os til gud og til nu hvor hun helt sikkert har bedt for os, på dette tidspunkt jeg skriver lige nu. Jeg glæder mig så meget til BOG nr. 2 hvor alt bliver godt igen, måske ikke lige på en dag, men langsomt, i det tempo, hvor vi selv kan følge med i.

For Rom blev jo ikke bygget på en dag, som et ordsprog siger.

Tais bliver jo ikke bare lige tryllet hjem på en dag, kun hvis Gud har sådan en plan for Tais liv. Det ved kun gud og jeg stoler jo på ham nu.

TAK GUD FORDI MINE FIRE BØRN OG JEG ER ELSKET AF DIG OG CHRISTIAN LIGESÅ.

Det fantastiske ved dig gud er du elsker alle mennesker, både tvivlere, atteister, ikke troende og kristne og katolikker og muslimer, os alle simpelthen. Selv de mennesker vi synes ikke har været særlig gode imod os i vores liv, dem elsker du, selv de mennesker som ingen vil kendes ved, f.eks. de stakkels hjemløse, dem elsker du god.

Jeg har et hjerte for børn, alle børn , ikke kun mine egne. Jeg arbejder pt. I Furesø kommunes mormorordning, hvor jeg passer børn. Det er som regel når børnene er syge og forældrene skal på job at vi reserve bedste mødre/ reserve mormødre rykker ud i hjemmet for at passe syge børn , men vi henter også børn i deres børnehave eller i skolen , når forældrene ikke kan nå det, når begge forældre har et karriere job f.eks. Det er en super ide, vi bliver meget brugt om vinteren især. Lønnen er godkendt af ministeriet, dvs. det er fuldt ud lovligt. Vi får kun 30 kr i timen, så det er jo ikke en formue vi tjener, der er en hvis del af frivillighed i det og man skal elske børn for at have dette job. Men sidder du kære læser i Farum eller i Værløse og er pensionist eller på dagpenge eller uden job og elsker du at passe børn, må du gerne finde os på nettet. Lederen af ordningen hedder i dag Ebba Liljenskjold, men slå os op under mormorordningen i Furesø kommune.

Vi mangler nemlig flere frivillige mormødre eller reserve bedstemødre, hvis det er lige noget for dig .Da må du meget gerne melde dig eller kontakte vores leder. Vi er pt. Kun 3 mormødre i ordningen og kunne da godt bruge nogle flere. Lønnen er ikke det du skal gå efter, for den er meget lav, men du kommer ud til nogle børn, der kommer til at elske dig og sætte pris på du er der for dem og det er nemlig lige præcis det hele værd, det giver glæde at passe både små og store børn og du sidder ikke hjemme om vinteren, du bliver ringet op af lederen af ordningen næsten hver dag, at i morgen er der igen et børnepasningsjob til dig. God fornøjelse, jeg får måske for travlt denne vinter og må af og til sige nej, i dag kan jeg ikke, i dag skal jeg noget andet... så er det måske lige dig vi mangler i mit sted.

MÅLET MED DENNE BOG ; I første omgang er det ikke min hensigt at udgive bogen til alle læsere i hele Danmark. Det venter jeg med til bog nummer 2 er færdig. Det venter jeg helt sikkert med til den dag Tais er større og helt sikkert er kommet hjem til friheden her i Farum. Lige nu er Tais ikke helt fri fra de personer der frihedsberøver ham, det er derfor alt for risikabelt at udgive bogen til alle i Danmark lige nu. Det tør jeg desværre ikke.

Dog vil jeg udvælge nogle få personer der vil modtage bogen som en gave. Bl.a. har jeg allerede udvalgt min ældste datter og Christian, til at få den som en gave. Skulle min yngste datter ønske at få den som en gave er hun velkommen og ligeså er min ældste søn velkommen. Tais derimod kan først læse den måske som 18 årig, når han er fri fra faderens samlever, den kvinde der i 7 år har berøvet Tais hans frihed til at se hans mor. Dog kunne Tais blive sat fri af faderen, der har indset hvem hans samlever er.
Vi kan kun bede til gud om at han vil beskytte Tais i hele denne proces, hvor Tais løsriver sig selv fra den kvinde faderen bor sammen med, hende der kræver det overvågede samvær mellem Tais og mig, hende der selv hentede min søn på Bornholm sammen med Tais far d.12 juli 2007, hende der helst så hun selv var Tais mor og selv havde født Tais, hende der er jaloux på mig, fordi jeg tilfældigvis er smukkere end hende, hende der kom ind i Tais liv allerede da Tais var kun 3 år og boede hos mig moderen i Sønderjylland.
Hende der ikke selv har et barn, hende som Tais hader i den grad fordi hun bestemmer over Tais far og over Tais liv. Tais er nu 12 år og et barn på 12 år er stor nok til at regne ud hvad der foregår.

Umiddelbart virkede Tais fars kæreste meget flink i starten da jeg ikke kendte hende i 2005, da Tais var 3 år og boede hos mig. Men ganske kort tid efter hun havde mødt min søn i et weekendsamvær hos faderen, kom Tais hjem og fortalte mig at han ikke kunne lide faderens nye kæreste og at faderen havde slået Tais på vej hjem i bilen efter det samvær, da faderen var blevet sur over Tais ikke havde opført sig ordentligt. Det var nærmere bestemt i januar 2005, dette skete. Siden da fik faderen så et overvåget samvær i ½ år efterfulgt af et almindeligt samvær. Igen i starten af 2006 fik faderen på grund af vold imod Tais et overvåget samvær i ½ år, siden da et almindeligt samvær, hvor Tais blev slået hver eneste weekend. Faderen boede ikke sammen med hans kæreste dengang. Det var først senere efter de havde hentet Tais hos mig i juli 2007, at de flyttede sammen.

Om Tais blev slået i perioden fra juli 2007 til i dag, det ved kun Tais selv, dog nævnte Tais i vores samvær 30 dec.2007, at faderen igen havde slået ham og i maj 2008 , fortalte Tais at faderen havde sagt både mor og Tais skulle dø. Det virker barskt ikke, men det er så sandt som amen i kirken at det var det der skete.

MHT. BUDSKABET I BOGEN ; Der er et vigtigt budskab i denne bog.
Det skal frem i lyset, at det jeg ønsker at oplyse politikerne om med denne bog er ;

INTET BARN SKAL OPLEVE DET TAIS HAR GENNEMLEVET SIDEN JULI 2007 DA HAN VAR 5
ÅR OG BLEV HENTET AF FADEREN OG FADERENS KÆRESTE.

INTET BARN SKAL OPLEVE I 7 ÅR I TRÆK AT FÅ NÆGTET ADGANG TIL AT SE SIN MOR.

LOVEN SKAL ÆNDRES.

Det er mit budskab.

*Derfor vil jeg udvælge en bestemt politiker, der har et hjerte for børn i Danmark, til at læse min
bog. Denne politiker er anonym, for at beskytte ham eller hende.*

*MIT ØNSKE MED DENNE BOG ER, AT ALLE BØRN I DANMARK SKAL SIKRES RET TIL AT SE
DERES MOR.*

*Det skal ikke være som nu, at hvis et barn havner hos faderen i forbindelse med en retssag, efter
barnet har bopæl hos moderen i flere år efter en skilsmisse, at denne far så pludselig kan nægte
barnet at se sin mor.*

*Det omvendte varetager FORENINGEN FAR, nemlig fædres interesse, der findes i Danmark endnu
ikke en FORENINGEN MOR OG BARN. Så derfor er det kun fædre der får hjælp til at se deres
børn i dagens Danmark.*

*Flere og flere fædre får via Statsforvaltningen tildelt bopælen, alene af den grund de er fædre.
Tidligere for ca.25 år siden fik mødre automatisk bopælsretten over børnene, men det har ændret
sig til det er blevet omvendt på grund af Foreningen Far har så stor succes, at de har filialer i hele
landet.*

*Uanset om barnet efter en skilsmisse kommer til at bo hos faderen eller moderen, skal barnet ifølge
den nye lov jeg foreslår, nu sikres retten til at se begge sine forældre.*
*Hverken en far eller en mor kan længere nægte et barn samvær med den anden forælder. Det er den
lov vi venter på nu som skal hjælpe børnene nu og fremover og lige præcis derfor er denne bog
skrevet. Vågn op politiker inden verden går helt alave og alle fædre automatisk får børnene ved
skilsmisse, det næste de finder på er at fædre skal være gravide læste jeg en dag i Metro ekspressen,
den avis vi får gratis i s togene i København.*
Jeg siger ikke at der ikke findes gode fædre, det gør der bestemt.

Jeg siger heller ikke at alle mødre altid er de bedste.

Det jeg siger er TÆNK KUN PÅ BØRNENES RET TIL AT SE BEGGE FORÆLDRE.

*I den grad at alle skal tvinges til en fælles forældre myndighed og især når de som min søn kommer
i klemme i systemet, de børn der nægtes adgang til at se deres mor af fædrene.*

*I har vel set programmerne DE BORTFØRTE BØRN , med JANUS BAKRAWI.... eller den serie på
tv der var for nylig ;*

MED BØRNENE SOM VÅBEN.

*Den slags tilfælde, hvor børn nægtes samvær med deres moder, fordi faderens nye kæreste mener
det er bedst for faderens børn. Det er lige præcis det Tais og jeg oplevede, da faderens kæreste i
2009 og 2010 og 2010 fik adgang til alle møder om samvær for Tais med mig, hvor hun sad og
råbte og skreg... indtil en mand stoppede hende, ved det sidste møde. Jeg husker jeg sad med min
hånd hen over mit ansigt da hun råbte af mig ved mødet, jeg var bange for hende.
Det glæder mig så i dag at Tais ønsker hende væk, at hun skal flytte til New York, det siger Tais nu.
Han er så træt af hende, jeg synes nærmest det er synd for både Tais og Tais far , at de skal leve
sammen med en der vil bestemme alt. Det vigtigste for hende i hendes liv, er at Tais ikke må se mig ,
hans mor. Nu har hun i 7 år fået sin vilje ved at bede faderen sige til Statsforvaltningen jeg kun må
se min søn 1 gang om måneden i først 1½ time og nu i 2014 i 3 timer. Statsforvaltningen tror det er
faderens ønske for Tais, men det er det slet ikke, det er Tais fars kæreste og samlevers ønske for Tais
liv som Statsforvaltningen siden 2007 har lyttet til.*

*Christian skrev for nylig et brev til Statsforvaltningen, som de afviste, da han ikke er part i sagen,
selv om han er min, altså Tais mors samlever.....*

Okay tænkte jeg

*Hvad så med Tais fars samlever... er hun part i sagen... siden Statsforvaltningen tillod hende at
deltage i alle møderne siden 2007, slev om jeg bed om det kun var forældrene der kunne deltage.*

*Hvis ikke det er forskelsbehandling, så ved jeg ikke hvad. Jeg er mega vred på alle i
Statsforvaltningen over jeg i 7 år har løbet panden imod en mur og de kun vil lytte til faderen og
hans kæreste. Når de så taler med Tais lytter de dog til ham til en hvis grænse.*

*F.eks sagde Tais til den flinke Psykolog i 2010, at han ville hjem til sin mor, det var det eneste han
ville, men Tais han troede ikke selv på han måtte det dengang for hans far, sagde han til
Psykologen.
Takket være den Psykolog fik vi det samvær vi har nu, for havde de ikke lavet den undersøgelse
havde jeg aldrig set Tais igen efter han blev hentet i sommeren 2007. Godt nok sørgede en dommer
jo for vi fik et samvær fra dec. 2007 til maj 2008. Men det samvær var således at Tais far der jo
konstant truede mig på livet skulle møde op på min og børnenes bopæl i Farum med Tais. Det
samvær burde have været lavet således at jeg kunne have hentet Tais i hans skole/ eller fritidshjem.*

Samværet blev afbrudt i maj 2008 efter en dødstrussel imod Tais og mig sagt af faderen selv.

Heldigvis stoppede dødstruslerne da politiet i 2012, tog hånd om sagen. Det var jo godt.

Tak gud for jeg lever, tak gud for Tais også lever i dag i skrivende stund.

TAIS ER NU 12 ½ ÅR OG HAR IGEN RET TIL AT BLIVE HØRT...

HAN VED HVAD HAN VIL.

HAN VIL HJEM TIL MIG NU PÅ ET ALMINDELIGT WEEKENDSAMVÆR SIGER HAN SELV.

Vi må håbe han så bliver spurgt i forbindelse med min samværsansøgning om samvær uden overvågning.

Jeg har jo søgt et almindeligt samvær hele tiden, men nu er jeg bare nået til det punkt, jeg orker ikke det overvågede samvær mere.... så jeg håber de vil lytte til Tais, ellers er det godt denne bog havner hos en politiker der hurtigt kan lave en ny lov i Danmark.

....
....
..

Loven skal træde i kraft inden jul i år, da jeg ønsker at holde juleaften med Tais og med Tais søskende og med Christian.

Tais har holdt jul med mig i 2002, 2003, og i 2005, 2006. I 2004 hentede faderen Tais 7 timer for sent i beruset tilstand til juleaftens samværet.
Jeg takker gud for at de ikke forulykkede i bilen, da Tais far kørte i beruset tilstand med Tais fra Sønderjylland, hvor vi boede Tais og jeg til København NV, hvor Tais far dengang boede alene i julen 2004 uden nogen kæreste.

NUMMER 2 BUDSKAB TIL POLITIKERNE , Mit ønske er at børn ikke skal udsættes for at blive hørt af en dommer i retten. Loven skal ændres på det punkt også , for de mennesker der arbejder i retten lytter ikke til børnene når de er små alligevel.
Små børn skal heller ikke høres i Statsforvaltningen, for de lytter heller ikke til små børn.

I stedet skal alle børn sikres automatisk ret til samvær med begge forældre.
Alle skilsmisse børn i Danmark, deres forældre skal alle have en fælles forældremyndighed.
Så undgår vi at et barn oplever det Tais siden han var 5 år til i dag 12 år blev udsat for, han blev hørt, men ikke lyttet til. Hans far kunne uden grund nægte ham at se sin mor. Hans mor blev der ikke lyttet til. Derfor skal eneforældremyndighed afskaffes af hensyn til de dårlige fædre der

*sammen med deres nye samlever nægter et barn adgang til at se moderen. DERFOR SKAL VI
HAVE EN HELT NY LOV.*

*Tvungen fælles forældremyndighed også for de forældre der ikke kan tale sammen, dette er af
hensyn til barnet alene.*
Det er fuldstændigt ligemeget om forældrene ikke kan tale sammen.
*Det afgørende er BARNETS RET TIL AT SE BEGGE FORÆLDRE KUN SIKRES VIA FÆLLES
FORÆLDREMYNDIGHED:*

*Jeg og Tais liv blev ødelagt, af en far der ikke ville samarbejde om Tais, det skal ikke ske for andre
børn i Danmark.*
Barnet har ret til automatisk at se sin mor og det med et overvåget samvær, det skal helt væk.
Det duer slet ikke.

*Det skal ikke være sådan at en forælder bare kan stille krav om at den anden forælder og barnet i 4
år skal have et overvåget samvær uden nogen gyldig grund , som det skete for Tais og mig her fra
2010 til 2014.*

*En far og hans samlever der bare nægter et barn adgang til moderen kan kræve dette samvær
overvåget indtil barnet bliver 18 år så længe barnet har bopæl hos sin far. Tais havde bopæl hos
mig fra 0 til 5 år, i hans første leveår og jeg har altid tilbudt faderen samvær, selv om han slog både
mig og Tais. Jeg elsker min søn og har altid hjulpet ham, vi gik til lægen og til socialrådgiveren og
til politiet hver eneste gang Tais fra 2 år til 5 -6 års alderen blev slået af sin far og det var i alle
samværene i hver anden weekend og i ferier. Dette kan jeg dokumentere er sandt via Tais
lægejournaler, fra da Tais var lille og boede hos mig.*
*Fra Tais var 0 år til 2½ år ønskede faderen intet samvær med Tais, da Tais er et uønsket barn for
ham. Srlv om jeg gang på gang tilbød faderen samværet blev han væk.*

*Først da faderen blev pålagt samværet sidst i 2004, da faderen boede alene og drak øl og slog Tais,
da modtog han samværet fordi en myndighed fastsatte det, ellers have han ikke ønsket at se Tais.*
*Det var således både synd for Tais og for faderen at myndighederne påtvang faderen et uønsket
samvær med Tais. For da Tais var 0 år til 2½ år blandede myndighederne sig ikke, så dengang , da
jeg jo som enlig mor til Tais af og til besøgte faderen på hans bopæl, var jeg jo selv med for at
passe min søn. Det var noget helt andet. Jeg ser at det gik galt da faderen mødte sin nuværende
samlever, en fremmed kvinde i 2005, da Tais var 3 år og boede hos mig.*
Havde faderen ikke mødt hende var denne bog slet ikke skrevet.

*Faderen og jeg aftalte jo da jeg var gravid i 2001 og 2002, at jeg selv skulle tage vare på Tais. Det
var faderens ønske. Faderen ville gerne være min kæreste, han ville bare ikke have et barn. Vi
boede på Østerhøjvej 48 i Måløv ved Ballerup Tais og jeg i 2002, 2003 og 2004, de eneste der kom
hos os var mine store børn. Tais far ville helst ikke komme der , han ville helst blive hos hans
elskerinde i København NV, dette kunne jeg desværre ikke ændre sagde han, for han havde jo kendt
hende i mange år før mig. Han mente godt han kunne have flere kærester på en gang, men et barn,
det kunne han ikke overskue.*

Jeg husker han sagde at han elskede mig så højt, overalt på jorden, at han ikke ville have et barn. Da et barn ville ødelægge vores forhold mente han. Det forstod jeg slet ikke for jeg ønskede så meget at få et barn mere, jeg lyttede slet ikke til ham.

Men da Tais far så sagde, vi kunne da godt droppe præventionen, for hans sæd var blevet checket og han kunne ikke få et barn, så okay.... han ville da godt lytte til mit ønske om et barn, men han kunne forsikre mig om at han ikke kunne gøre mig gravid fordi hav havde haft så mange mange kærester før mig, som ikke blev gravid.
Da sagde jeg i 2001 inden Tais blev til, at jeg kunne altså godt blive gravid, for han kunne jo bare se på mine tre store børn, som jeg havde født allerede...

Vi droppede altså i enighed præventionen.
Jeg sad på trappen i opgangen i huset ; Østerhøjvej 48 i Måløv og kiggede på en graviditetstest, jeg var dybt rørt til tårer, den viste positivt. Jeg fattede det ikke, var dette en gave fra gud til mig, dette barn jeg ønskede så højt med en mand, der mente han ikke kunne få et barn... jeg fattede det ikke. Jo den var god nok, den var positiv testen... jeg var så lykkelig.

Da jeg fik mine tre ældste børn var jeg præcis lige så rørt til tårer som nu i denne gang i vores hus i Måløv i 2001.
Den eneste forskel var dengang jeg bev gravid med mine tre store børn, var det planlagte børn, da jeg vidste min tidligere mand godt kunne få børn, da hans sæd var ok. Vi kunne bare aftale at nu lavede vi et barn, som regel gik det godt allerede første gang, så glæden var der med det samme og det kom slet ikke bag på mig når jeg blev gravid.

Med Tais var der bare den forskel Tais far havde sagt han ikke kunne få et barn, nu sad jeg så der i gangen og tænkte, hvordan fortæller jeg ham lige, at det kunne han godt.
Tais far blev ikke glad for at jeg var gravid, men det gjorde til gengæld Tais søskende, mine store børn. Allerede der var grundstenen lagt for Tais liv, han var elsket af sin mor, sine søskende, men ikke elsket af sin far. Så længe Tais boede hos os, var alt godt, derfor takker jeg gud for Tais fik de første 5 gode år af sit liv sammen med os der elsker ham.

TAK GUD.

Jeg behøver vist ikke gentage at han så fik de næste 7 år hos to personer der ikke elsker ham, hvordan Tais har klaret sit ophold hos faderen og faderens samlever ved jeg ikke. Jeg husker i dec.2007, da Tais blev genforenet med os første gang her i Farum, hvor han kom til vores bopæl og var sammen med sine søskende og mig i nogle timer.

Det var vidunderligt.

Vi troede nu var alt bare godt der i julen 2007.

Alle var vi glade, Tais og mine store børn og jeg.

Nu var Tais kommet hjem igen troede vi jo på dengang. Vi vidste heldigvis intet om i julen 2007 at i maj 2008 ville faderen og hans kæreste igen tage Tais far os i 2 år, indtil Statsforvaltningen hjalp os eller rettere hjalp Tais til at se sin mor i august 2010. Min ældste datter hjalp Tais til at se dem fra 2009, hvor Tais kunne mødes med sine søskende i et samtykke med faderen, bare jeg ikke var med. Det synes jeg var så godt for mine 4 børn, at de gerne måtte se hinanden , at faderens kæreste ikke forhindrede dem i at ses, som hun forhindrede mig i at se Tais eller Tais i at se mig. Jo mere hun holdt fast i at frihedsbrøve Tais i de 7 år fra 2007 til nu 2014, jo mere ville Tais bare herhjem til mig.

SÅ DET FIK MODSAT EFFEKT. Hun ville en dag miste Tais, når Tais selv kunne tage hjem til mig. Men det vidste hun jo intet om, for hendes egen egoisme overskyggede alt hvad der hedder EMPATI for hvad Tais egentlig vil, hun tænkte kun på sig selv.
Jeg skrev vidst sidste år et langt brev til hende om at jeg havde tilgivet hende for at bortføre min søn Tais væk fra mig på Bornholm d.12 juli 2007. Om det brev satte hende i stand til at se hendes egne fejl ved jeg ikke, men det satte mig i frihed. Ligeså tilgav jeg jo Tais far flere gange og sendte ham et kort for nylig om at jeg havde tilgivet ham alt, det tror jeg på han bliver glad for.

Husk på denne mand elskede mig overalt på jorden, så hvis jeg nu flere år efter tilgav ham, at han slog mig efter Tais fødsel, mon ikke han alligevel ville blive lidt glad.
Det har igen sat mig selv i frihed. Jeg bærer ikke nag.

TILBAGE TIL MIT BUDSKAB TIL POLITIKERNE

Overvåget samvær skal ikke længere kunne finde sted.
Barnet sikres ret til at se begge forældre
barnet skal ikke høres når det er lille, hverken af en dommer eller en i Statsforvaltningen som
alligevel ikke gør det barnet beder om
Begge forældre sikres automatisk og altid fælles forældremyndighed både når de lever sammen
eller hver for sig.
Når barnet er 15 år kan det selv vælge at bo hos den moder det kun har et weekendsamvær med,
ingen skal mere bestemme over et barn, der ikke vil bo hos faderen.
Faderen har ingen ret til at nægte barnet et samvær med sin mor.
Faderens nye kæreste samlever har ikke ret til at være med til møder i Statsforvaltningen.
Faderens kæreste kan ikke nægte barnet at se sin mor.
Moderen skal fra starten hvis faderen får bopælsret have et almindeligt weekendsamvær og et
almindeligt feriesamvær.
Forældrene har altid fælles forældremyndighed også de forældre der ikke kan tale sammen, derved
undgår vi at faderen og faderens kæreste bortfører barnet fra moderen.
Politi og Statsforvaltning og Dommere i retssale skal samarbejde med socialrådgivere og barnets
skole , men ingen af disse myndigheder kan kræve, at barnet skal have et overvåget samvær med sin
mor bare fordi det er faderen og hans samlevers ønske. ALLE BØRN SKAL AUTOMATISK HAVE
RET TIL WEEKEND OG FERIESAMVÆR MED DEN FORÆLDER DE IKKE HAR BOPÆL HOS
UANSET OM DET ER EN MODER ELLER EN FADER; DER HAR MISTET BOPÆLEN I EN
RETSSAG ELLER EN KOMMUNESAG ELLER EN STATSFORVALTNINGSSAG.

Det skal ikke være muligt at et barn og en moder i 5 måneder skal vente på et slagsmål mellem
dommere og Statsforvaltningen om hvem af dem der skal betale for et overvåget samvær, som Tais
og jeg oplevede det i sommeren 2013, hvor vi intet samvær havde i 5 måneder, for ingen ville betale
for det.

Der er noget helt galt i den lov, at en far kan få en forældremyndighed ved at bortføre et barn far en
mor.

DET SKAL ÆNDRES.

DEN ENESTE UDVEJ ER FÆLLES FORÆLDREMYNDIGHED OG BARNET SIKRES EN RET
TIL WEEKEND OG FERIE SAMVÆR MED DEN FORÆLDER DER IKKE HAR BOPÆLEN.

Eneste untagelse er som i vores tilfælde i 2004, hvor Tais far intet samvær ønsker med Tais, når en
forælder fravælger at se sit barn, må myndighederne respektere den far for det. De kan ikke tvinge
et barn til at se sin far, når faderen ikke vil se barnet. Det er jo helt forkert.

Det er altid barnet der skal tages hensyn til og ikke forældrene.
I dag tænker Statsforvlatningen og dommerne i retten kun på forældrene og slet ikke på barnet.

*Det har jeg oplevet i alle de retssager jeg har været i, både dem hvor jeg vandt
forældremyndigheden og dem hvor jeg tabte forældremyndigheden. De tænker kun på forældrene
og de er bare så ligeglade med børnene og jeg kan sige med sikkerhed det gælder både i retten og i
Statsforvaltningen.*

*Derfor skal det ikke mere være muligt for en far, som Tais far eller for hans samlever at sørge for at
myndighederne lytter til dem i 7 år og derved fratager Tais retten til samvær med sin mor.
For tænk nu hvis alt disse to personer havde sagt i de 7 år var usandt.*

Det er lige præcis det.

I retten skal man tale sandt.

I statforvaltningen kan både Tais far og faderens kæreste lyve lige så meget de vil.

Det er under strafansvar at lyve i retten.

*Men når man nu som Tais far har talt usandt i alle 7 år til alle myndigheder, er det vel derfor han
ikke kan tale sandt i retten, for han ville jo fortælle den sammen usande historie til alle for at
hjælpe hans nye kæreste til at overtage mit og hans barn i hendes varetægt, så han må jo have
elsket hende i alle de 7 år meget højere end han elskede mig i de 6 år jeg var hans kæreste,*

*For hvem vil under strafansvar lyve i retten , men mindre han talte usandt, fordi han ønskede at
hans kæreste skulle være Tais moder, som hun jo så gerne ville være det...men ingen tænkte på hvad
Tais måske syntes om sin nye moder... vil Tais gerne have ne ny moder.... når han elskede og elsker
hans rigtige moder, mig... det var der vist ingen der tænkte på*

*Alle de dommerne der mødte Tais far vurderede han til en flink mand der talte sandt, de troede så
min forklaring var usand, for det måtte den jo være når faderen talte sandt. Men gud og jesus var
inde i Landsretten på Tais fødselsdag i 2013, d.4 april 2013, gud har hørt alle de usandheder der
kom ud af faderens mund og gud vil en dag kræve sit regnskab, sige til faderen, du løj, du talte
usandt under strafansvar, du beskyldte Tais moder for at have kidnappet Tais jeres fælles barn i
sommeren 2007, da hun som forældremyndighedsindehaver rejste på ferie med Tais... du løj... så
løgnen en dag vil ramme dit ansigt... siger gud.*

*Godt nok troede de tre dommere her på jorden inde i Østre Landsret d.4 april 2013 at du talte
sandt, Tais far... men jeg er gud og alle steds nærværende , jeg hørte du løj, lige nu skriver Tais mor
en bog for at hjælpe børn og mødre i Danmark,... men hun fortæller sine læsere sandheden i bogen.
Tak gud. Tak fordi du var der med mig, tak fordi jesus var der også og tak for at helligånden var
der.*

*Denne forfatter blev hængt ud i retten for at tro på gud af Tais far, Tais fortæller i dag hans mor, at
han skal holde sin tro hemmelig i hans hjem hos faderen. Derfor må jeg forfatteren ikke skrive
noget om gud i mine kort til Tais, for så bliver faderen vred på mig. Godt Tais du sagde dette, det vil
jeg lytte til.TAK TAIS MIN TAPRE SØN. Hvor er jeg stolt af dig du har klaret de 7 år s mareridt, nu
skal vi to bare have et godt liv sammen med dine søskende og med min ven Christian. Vi holder*

sammen for evigt du og jeg Tais, ingen kan eller skal nogensinde skille os to ad igen. Ligeså holder vi sammen med mine store børn dine søskende for evigt og ingen på denne jord kan skille os ad igen.

Om Christian klarer at være vores ven, det håber jeg, for det er ikke let at være sammen med sådan en mor som mig...

Gud du ved godt hvilken mor jeg er, du har skabt mig.

Da mine tre store børn var små talte du til mig gud med din stille stemme...

MONA; DU ER HER PÅ JORDEN FOR AT VÆRE EN GOD MOR FOR DINE BØRN.

Du ved godt gud at jeg nu hedder Maria Christine   Mona – Lisa Gerber

Du ved godt gud hvorfor jeg ville hedde Maria.

Min mor kaldte mig psykisk syg, da jeg hed Mona , min moster kaldte mig en luder dengang hun levede og min onkel misbrugte mig seksuelt da jeg var kun 11 år gammel.

Tak gud for de ikke er her mere , min moster og min onkel.

Min mor er her jo. Men det kommer der en historie om i en anden bog, hvad min mor udsatte mig for og hvorfor jeg selv var et uønsket barn for hende.
Jeg ved jo selv bedst jeg kun var elsket af min fader Villy og Min Farmor ; Anna Christine Gerber, som jeg har mit nye navn fra.
Jeg vil på ingen måde ligne min mor, jeg vil kun ligne min far og min farmor og min faster, for de elskede mig og gav mig en god barndom og opvækst hos dem. Det er egenligt godt min onkel døde så hurtigt, da mine døtre var små, for siden hans død blev mit liv jo kun bedre og bedre, min farmor overlevede jo min onkel og hun var så glad da han var væk. Han var jo pædofil, han var et fuldt svin der drak og flirtede med teenagepiger.
Jeg sagde selv farvel til min moster da jeg var kun 17 år, jeg ville aldrig sætte mine fødder i hendes hjem mere.

Jeg flyttede jo ind hos min farmor som 11 årig, da min mor ikke kunne lide mig. Min far elskede mig højt og jeg var elsket højt af min farmor. Jeg tog hende til rolle model for den gode moder, hende kunne jeg bruge. Jeg tror dog næppe jeg kan blive en så god mor , som hun var, hun var mit forbillede , hun lærte mig alt det gode , som jeg i dag kan give til mine egne børn. Hun lærte mig at tro på gud. Hun viste mig kærlighed og omsorg, jeg var fortrolig med hende om alt. Hun tog imod mig med en åben favn og et kæmpe knus fra hjertet. Hun var skrap til tider og kunne skælde mig ud, men hun slog mig ikke. Hun lærte mig at man kan holde af mennesker med handicap, eller mennesker der er gode indeni og grimme udenpå. Hun lærte mig om at holde ud, holde modet oppe, være positiv og hjælpe mine egne børn altid. Hun sagde også børnene er det vigtigste i dit liv. Det har hun jo ret i, for hvis de ikke var vigtige, hvsi jeg nu var en dårlig mor, mon jeg så gad skrive en hel bog om hvordan jeg har forsøgt at hjælpe Tais og hvis en af mine andre børn var i Tais sted havde jeg selvfølgelig gjort alt for dem, præcis det samme.

Nogle mennesker synes jeg er mærkelig at sol og vind skal deles lige.
Hvert barn ud af en søskende flok på 4 børn skal alle føle sig elsket lige højt.
Alene det er en stor udfordring.
For den ældste vil altid synes jeg kune tænker på de små.
Den miderste vil altid føle sig overset.
Den der er nummer tre i rækken vil kæmpe for at få mors opmærksomhed.
Den yngste nummer fire vil altid blive opfattet som mors lille kæle dægge og møgforkælet
efternøgler.

Men sådan er det ikke for mig.

Jeg elsker mine børn præcis lige højt, der er slet slet ingen forskel.

Jeg kan ikke elske noget menneske højere end mine børn .

Jeg vil med hensyn til penge gaver, kun give mine børn 4 lige store dele hvis jeg en dag blev rig.

Min samlever skulle intet få.

Hvis jeg nu blev gift på et tidspunkt, så sker der automatisk det, at mine børn vil arve halvdelen af
min formue. Min samlever, min ven, min kæreste Christian ville hvis han stadig bor her hos os arve
den anden halvdel.

MEN DER ER VIST INGEN FARE FOR JEG BLIVER RIG; FOR DENNE BOG ER GRATIS.

Det har jeg jo selv valgt.
For jeg vil hjælpe alle mødre og børn i Danmark så ingen fædre kan fratage dem retten til samvær
med deres barn ej heller nogen myndighed.
Alle mødre skal have ret til minimum weekendsamvær og feriesamvær.
Ligeså skal alle fædre have samme ret.
Alle forældre skal altid have fælles forældremyndighed uanset om de er gift, samboende, kærester,
eller enlige mødre, enlige fædre, osv.
BØRNENE SKAL SELV KUNNE BESTEMME HVOR DE VIL BO FRA DE FYLDER 15 ÅR.
INTET BARN SKAL MISTE RETTEN TIL SAMVÆR MED SIN MOR.
ALLE BØRN SKAL SIKRES MINIMUM WEEKEND OG FERIER HOS MOR.
Det samme skal så gælde for fædre.
Derved er det barnets tarv der varetages.

Som loven er nu kan en far få forældremyndighed ved at tale usandt i retten og samtidigt kræve at
moderen ikke må se barnet, dette rammer barnet på sjælen at miste kontakten så tidligt i sin
barndom til, en mor dom dette barn elsker... bare fordi en dommer tror en fader talt sandt og denne
dommer aldrig har set barnet, har ingen dommer ret til længere at give en far
eneforældremyndigheden, når den far kun er ude på en ting, nemlig at moderen ikke må se sit barn,
for det er faderens hævn.

*DET RAMMER BARNET SÅ HÅRDT AT BARNETS LIV ØDELÆGGES. Det vil vi mødre til børn
ikke finde os i at se vores børns liv blive ødelagt af en far der kun er ude på hævn. Som i har hørt
om det nu i Tais liv, der blev ødelagt af hans far og faderens kæreste fra Tais var 5 år.
Jeg takker gud for at de breve faderens kæreste skrev da Tais var kun 3 år ikke blev taget alvorligt,
for de var også usande , alle hendes breve til diverse myndigheder, Hun stoppede først med at
skrive da hun havde fået bortført min søn 2 år efter. Der var bl.a en kommune dame som i 2006, da
Tais var 4 år og boede hos mig, der fortalte mig at Tais far og hans samlever havde bedt hende om
at fjerne Tais fra mig, men hun kunne jo ikke fjerne min søn fra mig når den Sundhedsplejerske der
kom i vores hjem dengang i 2006, havde skrevet*

TAIS HAR DET FINT HOS SIN MOR.

*Så jeg vidste jo godt at faderens kæreste prøvede at tage min søn fra mig allerede da han var kun 3
år og 4 år og jeg takker gud for intet ondt menneske kom til at ødelægge Tais liv i de år.*

*Hvem der så stod bag episoden 12 juli 2007 , hvor Tais blev hentet ulovligt hos mig, hvor vi boede i
Sønderborg kommune og jeg meldte det til politiet i Sønderborg.... det ved jeg faktisk ikke.
Det eneste jeg ved er at faderen sammen med hans kæreste selv hentede Tais i Tais og min ferie på
Bornholm.*

*Der kan være langt flere personer indblandet end jeg selv umiddelbart ved, måske er det netop
derfor politiet ikke har sigtet Tais fars kæreste for frihedsberøvelsen endnu, for det kunne jo tænkes
hun ikke var alene om at frihedsberøve min søn, men hun havde flere med sig.
Tais far er i hvert fald uskyldig i det der skete.
For han har aldrig ønsket samvær med Tais.
Han har ikke engang ønsket sig et barn.*

*Men jeg tror ikke faderens kæreste alene kunne sætte alt det i værk, jeg har en mistanke om en
anden person står bag det hele. Om jeg nogensinde finder ud af hvem der kontaktede Åbenrå
kommune d.12 juli 2007 pr. telefon og i dagene op til 12 juli , dvs. fra 4 juli måske ... jeg ved ikke
hvad der foregik bag mig ryg, for Tais og jeg var på ferie fra d.21 juni til d.13 juli 2007.*

*Vi fik et chok den dag Tais blev hentet, en dag inden ferien sluttede. Dengang blev det politi
anmeldt med det samme, at min søn var blevet bortført fra mig d.12 juli 2007, jeg har navnet på
den kommune dame i Åbenrå der lavede fejlen, jeg har ikke navnet på den kommunedame der d.12
juli 2007 tog telefonen i Tais og min hjemkommune, men jeg husker hun sagde ordret.*

*ÅBENRÅ KOMMUNE MÅ HAVE LAVET EN FEJL, JEG FORSTÅR IKKE HVORFOR FADEREN
OG HANS SAMLEVER KAN HENTE DIN SØN VIA ÅBENRÅ KOMMUNE; NÅR I BEGGE TO
HAR BOPÆL I SØNDERBORG KOMMUNE 12 JULI 2007.*

*Kære Kommune dame i Sønderborg kommune jeg talte med i telefonen 12 juli 2007, jeg forstår
heller ikke hvad der foregik og jeg tør ikke forholde mig til hvem der stod bag bortførelsen af Tais
væk fra sin mor til faderens bopæl og HVORFOR de gjorde det, dem der står bag.
MEN MIT HÅB ER AT BLIVE VEN MED TAIS FAR, SÅ HAN MÅSKE KAN SIGE HVEM DER
RINGEDE TIL ÅBENRÅ KOMMUNE I PERIODEN 4 JULI 2007 TIL 12 juli 2007 OG SAGDE AT*

JEG VAR SÅ SYG I MIN FERIE MED MIN SØN TAIS, AT DE HELLERE MÅTTE PLACERE MIG PÅ ET HOSPITAL.... Men jeg har en anelse om at en hel anden person end faderens kæreste er hovedgerningsmanden i Tais bortførelse fra mig, for en eller anden udover faderen og faderens kæreste har kontaktet Åbenrå kommune, jeg kan kun gætte hvem det er, men hvis det er den person jeg tror det er, kan jeg kun sige en ting, jeg glæder mig til den dag denne person ikke lever mere på vores jord, for den person vil jeg nødigt se ind i øjnene på... det må være en meget ond person der vil skille en moder og et barn ad...

Det bliver så uhyggeligt nu, at jeg hellere må stoppe min bog nummer 1 her.

Måske bliver mysteriet om hvem der stod bag alt det der skete d.12 juli 2007 opklaret i BOG 2. Det håber jeg kære læser.

TAK TIL MINE BØRN

TAK TIL MINE VENINDER

TAK TIL ALLE DER BAD TIL GUD FOR TAIS

TAK TIL CHRISTIAN MIN VEN

Tak til dig ikke mindst der har læst denne bog, da du er udvalgt af mig til dette.

Betragt det som en ære.

Må gud være med jer alle

venlig hilsen

Forfatteren

Maria Christine   Mona-Lisa   Gerber.

Tak gud for du passer på mig, mine børn , min ven og mine veninder og på alle mennesker. Tak for at vi lever i et land med fred .

Forlag: Books on Demand GmbH, København, Danmark
Fremstilling: Books on Demand GmbH, Norderstedt, Tyskland
Bogen er fremstillet efter on-Demand-proces
ISBN 978-87-7188-593-4

FSC
www.fsc.org
MIX
Papir fra
ansvarlige kilder
Paper from
responsible sources
FSC® C105338